누리과정에 근거한
몬테소리 영유아 교육과정의 이론과 실제

소성자·김정은·김현란·남순경·남윤희·박경희·박선혜·박성은
박정원·박정태·이재영·정동희·정인숙·채연희·최미숙·한지숙 지음

창지사

국립중앙도서관 출판예정도서목록(CIP)

(누리과정에 근거한)
몬테소리 영유아 교육과정의 이론과 실제 /
지은이: 조성자, 김정은, 김현란, 남순경, 남윤희,
박경희, 박선혜, 박성은, 박정원, 박정태, 이재영,
정동희, 정인숙, 채연희, 최미숙, 한지숙.
— 서울 : 창지사, 2014
p. ; cm

ISBN 978-89-426-0793-8 93370 : ₩14000

몬테소리 교육[—教育]
영유아 교육[嬰幼兒教育]

375.1-KDC5
372.21-DC21 CIP2014024106

머리말

저자의 인생에서 가장 많이 영향력을 주었고, 가장 많은 작업을 한 것, 가장 많은 희로애락을 준 것이 있다면 나의 존엄한 가정과 자식을 제외하고 서슴지 않고 몬테소리라고 말할 수 있을 것이다. 왜냐하면 내 인생의 가장 중심에서 즐거워하고 슬퍼하는 기준점이 바로 몬테소리 학문이었기 때문이다. 이 저서를 서술하는 이유는 지금까지 저자가 출판했던 것과는 다른 특별한 의미를 부여한다. 제자들이 정년퇴임식 기념으로 책을 출판할 계획이라고 일방적으로 전달했기 때문에 그냥 떠맡아 껴안은 모양새가 되어 마음과 의미가 사뭇 다를 수밖에 없다.

1984년 저자가 대구가톨릭대학교에 취임한 것은 단지 가톨릭대학이란 이유 때문이었고, 원하지도, 어디인지도 모른 채 지도 교수가 가라기에 내 생애 처음 대구를 방문하였고 고 전석재 총장님과 첫 면담을 한 다음, 교수로 채용되었다. 채용 당시 나는 교수인지, 학생인지 구분이 안 될 정도로 젊었었고 지금까지 30년 하고도 6개월이라는 긴 시간들을 대구가톨릭대학교에서 보냈기에, 이곳에서 내 인생의 가장 젊고 총명하고 중요한 시기를 보낸 셈이다. 늘 좋았던 시간만 있었던 것은 아니었지만 감사한 일도 많았고, 여러 가지 추억들도 많았다. 어쨌든 난 지금도 대구가톨릭대학교 아동학과를 너무나 사랑한다. 한 번도 아동학과를 떠난다거나 다른 직업을 선택할 생각조차 하지 않았었다. 지금 이 시간을 즈음하여 이제 대구가톨릭대학교와 아동학과를 떠나야 하는 마음도 즐거울 수 있다. 또 다른 미래 세계를 위해서, 늘 마음속으로 원하던 것을 할 수 있는 여유가 있기 때문이다.

아동학과 30주년 홈커밍(Home coming)행사를 2014년 5월 7일 개최하고 첫 졸업생 제자들과 한 공간에서 밤 새워 이야기를 나누면서 내가 어떤 사람들과 이렇게 사랑하면서 푸근하게 이야기를 나눌 수 있을까? 하고 생각해 보았다. 나도 제자들도 마냥 행복하게 웃어야 할 추억들이 너무 많았다. 26년 만의 정겨운 재회와 동행은 나에게 너무나 가슴 벅차고 떨리는 시간이었다.

이제 우리 아동학과 졸업생들이 사회에서 자신의 위치에서 자신의 역할을 수행하면서 사명감을 성실하게 수행하고, 사랑하는 마음으로 서로 협력하면서 살아가는 모습에 제자들의 생모처럼 가슴 설레고 다른 한편으로는 감사한 마음을 가지고 있다. 모두 건강하고, 아름답고, 지혜롭게 살아준 졸업생과 재학생 모두에게 진심으로 감사하는 마음이다.

뒤돌아 30년 동안 많은 제자들과 함께해 온 시간들을 생각하면 앞으로 30년도 아동학과 졸업생들 그리고 재학생들과 함께 공유의 삶을 살아갈 것 같은 애착이 든다. 그래서 아동학과 학생들이 더욱 고맙고, 사랑하고 싶고, 보다듬고 싶다.

가장 젊은 시절, 가장 많은 시간을 함께했다고 말한 동료 교수도 참으로 감사하게 생각한다. 1984년부터 많은 교수님들이 아동학과를 거쳐 갔지만 그중에 마지막까지 아동학과에 버팀목이 되어준 문수백 교수와 민하영 교수에게 긴긴 시간 함께 동행한 것에 감사드린다.

이 저서로 저자와 30년 역사를 함께해 온 우리 아동학과 학생들, 대학원 학생들, 교수님들 그리고 한국에서 몬테소리 교육을 위해 힘든 길을 끝까지 동행해 준 한국의 몬테소리인들에게 감사하는 마음을 전하고 싶다. 한국에서 몬테소리 교육철학과 문화를 다시 만들어가는 데 정말 많은 사람들의 강력한 지지가 있었기에 오늘의 조교수가 있지 않았나 생각한다. 그리고 가장 가까이 옆에서 같이 생활해 온 모든 대학원 학생들에게 감사하고 싶다. 이젠 사회인으로서 자기 역할과 자기 위치를 부끄럼없이 수행하고 있는 대학원 제자들에게 진심으로 이 글을 통해 감사하고 싶다.

저자는 이제 학교를 떠나 몬테소리가 갈망하던 우주생태, 우주평화, 우주영성 운동을 확산하는 데 남은 시간을 함께하려고 한다. 이러한 꿈을 이루기 위해 저자는 학교를 떠나서 더 열심히 작업하려고 한다. 나의 소박한 꿈을 이루기 위한 작업시기가 바로 오늘인 것 같다. 30년간의 긴 시간을 최선을 다해 살아온 나의 정든 학교, 연구실, 학생들, 동료들을 떠나면서 특별한 글을 쓰고 있다.

2014년 8월

대구가톨릭대학교 사회과학대학 아동학과
(사)한국몬테소리교육총연합회 회장
조성자 교수

차례

제2부 누리과정에 근거한 몬테소리 교육과정의 운영 • 97

제3부 생활주제에 따른 운영의 실제 • 145

참고문헌 • 241

제1부 몬테소리 교육의 이해

제 1부는 몬테소리교육철학의 새로운 패러다임, 몬테소리 인간관, 몬테소리 교육의 목적 및 교육내용 그리고 몬테소리의 교사론에 대한 이론을 조망해 보려고 한다.

1 몬테소리 교육철학의 새로운 패러다임

사람들이 변화를 추구하지 못하고 포기하는 이유는 무엇일까? 인간은 본능적으로 사랑받고, 존경받고, 자신의 우월성을 드러내기를 원하지만 그렇지 않을 경우 마지막까지 노력하지 않은 채 포기하는 것이 일반적인 일이다. 대부분의 사람들은 실패를 두려워하기도 하고, 실패 다음에 다가오는 부작용에 대해서도 두려움을 가진다. 그러나 성공적인 삶을 사는 사람들은 다양한 경험, 그중에서도 절정 경험을 즐기면서 새로운 비전과 희망을 기다린다. 즉 실패를 성공으로 변화시킬 수 있는 능력을 가진 사람! 그들이 새로운 패러다임으로 변화할 수 있는 사람들일 것이다.

몬테소리인들은 어떻게 변화되어야 하는가? 1장에서 논하고 싶은 몬테소리 교육의 새로운 패러다임을 전망해 보려한다.

1) 어린이들을 위해서 준비할 환경

인간의 지적능력은 적응력과 관계된다. 한 어린이가 자기 환경에 적응을 잘한다는 것은 그 어린이가 자기가 처한 환경에 대해서 잘 알고 있기 때문이라 할 수 있다. 예를 들어 미국에 적응을 잘 한다는 것은 미국문화에 대해서 다른 사람들보다 잘 알고 있기 때문에 적응력이 뛰어난 것이다. 다른 한편으로는 선천적으로 인간의 모든 삶의 형태에서 인간은 인지가 발달하면 자기를 둘러싸고 있는 환경에 적응할 수 있는 능력을 우선적으로 학습한다. 신생아도 어머니의 태내에서 밖으로 나오면서 외부에 적응할 신체적 조건을 가지고 태어난다고 한다. 생각하기에 아무리 훌륭한 교육이라 할지라고 자연적인 힘을 가지고 있는 환경만큼 효과적이지는 않을 것이다. 환경은 자연 환경과 인위적 환경으로 구분할 수 있다. 어린이들의 생활과 학습에 영향력을 주기 위해서 우리 교사들은 그들의 발달 단계에 알맞은 환경을 인위적으로 구성하여 발달을 촉진한다. 어린이들의 작업 욕구와 창의적 활동에 필수적인 요인이 바로 환경이다.

교사들은 어린이와 함께 인지적 행동과 독립적, 자율적 활동을 스스로 리드하는 이유와 방법을 직접 알고, 직접 참여하도록 환경을 제공한다, 어린이를 이해하기 위해서는 어린이의 욕구를 이해하고 어린이에게 자유와 자유선택을 부여하고 다른 친구에게 허용적인 특별한 활동을 공유하는 공동 활동이 중요하다. 어린이들을 친구들로부터 분리시키지 말아야 하고, 공동 활동을 유지시키는 동안 어린이는 역시 활동으로부터 자유로워져야 한다(조성자, 1997).

어린이들은 어른들과는 전혀 다른 본성과 다른 지적능력을 가지고 있다. 어린이들의 인지발달은 연령에 따라 제한되어 있고 변화한다. 어린이는 감각적이고 세밀한 부분에 관심을 제한하고 어른은 전체적이고 통합적인 부분에 관심을 고정한다.

영아들은 눈에 보이는 모든 것에 관심을 가진다. 실제적으로 영아들은 눈에 보이는 모든 것과 상호작용을 하기 위해서 에너지를 최대한으로 사용한다. 차츰 영아기 후기에 들어서면 눈에 보이지 않는 사물에 개인적으로 관심을 가짐으로써 지능이 발달하게 된다. 영아들은 스스로 발견한 사물에 대해서 관심과 흥미를 가지게 된다(Epstein P., 2012). 영아들의 감수성과 열정은 성인들이 보기에는 외관상으로 작고 보잘것없는 것들에 강한 호기심과 관심을 가지고 상호작용을 하게끔 한다. 호기심이 강하게 일어날 때 영아들의 눈을 본 경험이 있는 사람들은 그들이 얼마나 강한 에너지를 가지고 있는가 확인할 수 있다.

어느 날 지인의 어린이집을 방문했을 때 대략 2세쯤 된 영아가 돌계단이 있는 작은 정원에 혼자 있었다. 나는 영아의 목소리라고 할 수 없는 행복해하고, 기쁨으로 가득하고, 열정적인 큰 웃음소리를 들었다. 영아가 보고 있는 것은 마침 꽃에 나비가 앉아서 날아가지 않고 앉아있는데 다른 나비가 날아와 짝짓기를 하는 장면이었다. 영아의 눈에는 짝짓기가 무엇인지 모르지만 2마리 나비가 나란히 앉아있는 장면을 주목하면서 행복하고 신기해 웃고 있었다. 잠시 후 영아는 예쁜 꽃들이 있는 정원으로 가서 재미있게 무엇인가를 관찰하는 듯하였다. 영아는 자연에 둘러싸여 아주 행복해 하여, 그를 눈여겨 보았는데 그가 웃고 있는 동안 원 정원에는 아무것도 없었다. 자세히 보니 영아 앞에 있는 돌 위에 작은 벌레 한 마리가 기어가고 있었다. 영아는 살아서 부지런히 움직이는 작은 벌레를 보는 것을 행복해했다. 영아가 본 것은 움직이는 작은 벌레인 생명체였다. 영아를 순간 흥미롭게 하는 것은 새로운 어떤 큰 현상이 아니지 않은가?

영아에게 중요한 것은 어떤 비싼 것이 아니라 사소하고 작고 움직이는, 살아있는 벌레이다. 저자가 보기에도 정원은 꽃과 새와 나무로 둘러싸여 있는 아름다운 작은 공간이지만 새로운 것이 아니라 오래전부터 있던 환경이다. 바로 이것이 어린이의 열정을 불러일으킬 수 있었다(Epstein P., 2012).

어린이의 사고력은 관찰을 통해 그들의 세계를 이해할 수 있다. 어린이들도 자기가 좋아하고 즐기는 아름다운 것들 속에서 행해지는 열정이 없다면 자기 행동과 자기 삶을 변화시킬 수 없다. 자연 환경은 어린이들의 가장 훌륭한 교사이고 가르침의 현장이다. 교사가 좋아하고 즐기는 아름다운 것들과의 차이점, 교사가 자기 수준의 행동과 감동을 강요하는 것, 교사가 어린이들의 발달단계를 무시한 상태의 열정을 퍼붓는 것, 이러한 요소들은 어린이들에게 영향력을 미치지 못한다(Eissler T., 2009). 교사와 부모들은 어린이들이 행복하도록, 즐거운 환경이 되도록, 자연과 함께 살아가도록 도와주어야 한다.

어린이들에게 자기 수준에 맞는 환경이 없다면 인지발달, 관심, 흥미욕구가 사라질 것이다. 매일 똑같은 환경이 아니라 새로운 환경, 그들이 마음대로 움직일 수 있는 환경, 그들이 새로운 것을 볼 수 있는 환경이 필요한 것이다. 어린이들의 환경은 자기들이 마음대로 움직일 수 있는 공간이어야 한다. 어린이들에게 움직임과 운동은 발달을 돕는 도구와 같은 역할을 한다(Eissler T., 2009). 성인들도 아름다운 집과 정원 혹은 자동차를 가질 수 있다. 어린이들의 행복이 이런 물건들에 의해 좌우되는 것은 아니지만 그들에게 필요한 것은 새로운 환경, 새로운 사물, 새로운 어떤 것들이다. 새로운 것을 추구하는 것은 인간의 본성일지도 모른다.

어느 날 H유치원에서 종교교육을 부탁하여 저자가 제작한 종교교육 교구를 가지고 어린이들과 함께 작업을 하였다. 실제에 들어가기 전에 이탈리아 화가 지오토(Giotto)의 예수 부활 그림을 보여주면서 부활에 대한 이야기를 어린이들 수준에 맞게 해주었다. 어린이들은 경이로움에 눈이 동그래졌고 신기해했다. 그때 너무 신기해 이름도 기억하는데 "김석희"라는 한 어린이가 손을 들고 신중하게 질문하였다.

"왜 부활하실 때 예수님이 눈을 감고 하늘로 올라가세요? 눈을 감고 올라가면 떨어질 것 같은데요! 위험해요!"

석희는 아주 작은 것을 발견한 것이다. 그림을 아래에서 보면 예수님이 눈이 감긴 것처럼 보였다. 난 깜짝 놀라서 앞으로 나와서 정면에서 그림을 볼 수 있는 기회를 주었다. "봐라 눈을 뜨셨잖아" 석희가 이해를 하고 잘 올라가셨겠구나 하고 안심하는 모습이었다.

교사들은 어린이들이 정상화로 진화하고 발달할 수 있고 자기들의 인성을 스스로 구성해 나아갈 수 있도록 협력해 주어야 한다. 교사들의 이러한 협력이 바로 어린이를 행복하게 만들 것이고, 만족감을 줄 것이다. 교사들은 열정적이고, 도전적이고 적극적인 어린이와, 작업과 운동을 소홀히하는 소극적인 어린이를 변별할 수 있어야 한다. 이러한 변별능력은 어린이들을 정확하게 이해하는 데 매우 중요하다.

교사들은 어린이들에게 아름다운 것이 무엇이며 그들에게 알맞은 것들이 무엇인가를 판단하여 준비된 환경을 제공해 주어야 한다. 어린이들은 민감기에 자기 환경 속에 있는 모든 사물과 사람들에 대해 관심을 가지는 자연의 탐색자이다. 아마 5세까지의 어린이들에게 무엇이든 가르치는 것은 누구에게나 가능할 것이다(Lilliard A.S., 2005). 교사는 어떤 일을 설명하려고 노력하지만 어린이들은 전혀 관심을 보이지 않는다. 아동 연구가들은 영아들은 아무것도 배우려 하지 않는 무능력자라고 말할까?

어린이들이 짧은 시간에 방대한 양을 배울 수 있는 것은 거의 기적적인 일이라 말하지만 이것이 가능한 것은 환경 속에 있는 모든 것을 자동적으로 흡수하기 때문이다. 어린이들은 자기에게 주어진 환경에서 달리고, 걷고 , 이야기하고, 작은 일과 작은 사물에 주목한다. 어린이들은 스스로 독립적으로 혼자서 모든 것을 이룰 수 있다. 준비된 환경이 있을 때 가능한 것이다.

유아기는 일생 동안 필요하고 가장 중요한 기본적인 생활 습관, 작업, 규범, 자기 문화를 학습하는 아주 특별한 시기다. 이 시기에는 자신만의 특별한 방법에 의해 스스로 독립적으로 성취해야만 하는 자기 노력이 필요하다. 자아성취는 부모와 교사에 의해서 넘겨받을 수 있는 것도 아니고, 교사가 어린이들을 위한 영원한 스승이 될 수 있는 것도 아니기 때문에 그들 스스로 성장하고 창조할 수 있고 엄청난 양의 탐색 작업을 좀 더 쉽게 성취하도록 환경을 제공받을 수 있도록 도와주어야 한다. 이때의 환경이란 어린이들을 위한 적절하고 유익한 준비된 환경을 의미한다. 유아기에는 엄청난 양의 자기 개발 능력을 가지고 있으므로 그들을 무능력한 존재로 볼 것이 아니라 움직이는 기계, 움직이는 생명체, 생각하는 존재로 다시 인식하여야 한다. 몬테소리 교실에서 준비된 환경을 위해서는 교사가 반드시 존재할 필요와 이유가 있다. 교사가 끊임없이 활기찬 에너지를 이끌어내고 자기 발전과 관리에 성실한 어린이들에게 사랑의 태도를 가지고 그들을 지키고 그들의 과업과 책임감을 쉽게 성취하도록 도와줄 때 어린이들이 자유롭게 선택한 작업을 통해서 세상에 뿌려진 평화의 씨앗이 발아되는 것을 볼 수 있을 것이다(조성자, 1996).

인간은 환경에 적응하는 능력을 가진 존재이다. 인간도 우주의 원리와 유사한 공통점이 있는 것 같다. 지구의 물 양이나 인간의 수분 양이 70%라는 공통점이 있다. 인간 전체는 통합된 일원론적 존재이다. 한 종족, 한 민족, 한 사회에서 인간은 다양한 집단을 구성하고 있지만 각 집단들은 자기 고유성과 자기들만의 문화 그리고 다양한 차이점을 가지고 있으며, 이러한 다양한 집단들 사이에서 어떻게든 조화로운 균형을 유지한다는 것을 거의 불가능한 과업이라 생각할 때도 있다. 그러나 인간 존재는 얼마나 흥미로우며 신기한 존재인가? 모는 것이 가능한 것이 인간이기 때문에 인간의 지혜를 교사들은 존중한다(Ramachandran R., vol 1, 1998).

인간이 거주하는 장소는 지구의 표면이다. 사막의 양극과 같은 온갖 다양한 기후 조건에도 불구하고 인간은 지구의 모든 영역에 존재한다. 지구상의 모든 인간들은 각자 다른 양식을 가지고 각자 자기들의 삶의 조건에 자신들을 적응시켜 나간다. 모든 문명들은 진화를 한다. 사람들이 어떤 조건에 익숙해지면 똑같은 형태로 생존해 있기가 어려우므로 적응 정도에 따라 다른 영적 형태의 그룹들이 생성된다. 인간은 자기 환경에 스스로 적응하는 자존 능력을 가지고 있다. 그것은 과학적 측면에서 보면, 종의 특별한 특징을 결정짓는 동물의 경우와는 또 다른 측면에서 이야기된다.

오백여 년 전의 이태리, 프랑스, 영국의 사람들은 오늘날과는 다른 조건에서 살았다. 6세기 전에 살았던 우리 조상이 만약 오늘을 살아간다면, 현재의 조건에 적응하지 못할 것이다. 최대한으로 발달한 과학의 힘으로 엄청난 진화를 하였기 때문이다. 환경 적응 문제에서도 어린이들과 어른들의 차이점이 있다. 50년 전에 전쟁의 흔적이 아직 복구되지 않았던 우리 조상들은 현재의 가난한 삶에 적응하면서 행복하게 살았을 것이다. 우리 조상들은 자기들의 현재 조건이나 상황이 어떠하든

간에 자기 환경에 적응하며 성장한다. 물론 지금과는 전혀 다른 환경, 가난 때문에 고생은 말로 표현할 수 없었을 것이다.

성인들은 자기가 살아온 익숙한 환경에서 벗어나서 다른 조건에 자신들을 적응시킬 때 매우 어려움을 느끼지만 어린이는 자신의 살아가는 환경에 걸맞게 자신의 인간성을 창조할 수 있고, 자기가 태어난 환경에 자신을 적응시킬 수 있는 강한 힘을 내부에 저장해 놓고 있다(Lilliard A.S., 2005). 어린이는 삶을 환경 조건에 맞추어 쉽게 적응할 수 있을 뿐만 아니라 자기가 속한 집단의 사회적 과정을 구체화할 수도 있다. 어린이들은 자기가 속해 있는 집단의 성인들과 더불어 새로운 것을 창조할 능력이 있기 때문이다. 어린이처럼 될 때 인간은 가장 진실하고 순수해지는 것 같다. 몬테소리의 **'어린이를 따르십시오.'**라는 외침은 그들과 같은 인격을 어떤 사람도 형성할 수 없음은 물론 심지어 평화롭게 살 수조차 없기 때문에 생겨난 것이다.

어른들이 자기가 처한 환경 속에 자신을 적응시켜 나가는 과정 속에 어린이들이 적응해 간다. 성인들의 현재 잘못된 개념들, 행동들, 잘못된 삶의 방향을 바로 잡아야 하는 이유는 어른들과 어린이 사이에 존재하는 관련성, 연관성 때문이다. 만약에 어린이가 자기가 처한 환경에 적응하지 못한다면 인간성을 변화시킬 수 없고, 평화롭게 살 수도 없으며, 다른 조건에서도 평화롭고, 즐겁고, 더욱이 만족할 수 없을 것이다. 어린이들이 환경에 훌륭하게 적응한다면 환경에 만족할 것이며 인간적인 성취감으로 가득 채워질 것이다.

인간성에는 두 가지 기능이 있다. 하나는 어른의 환경 둘레에 속해 있고, 다른 하나는 어린이 자신 속에 잠재해 있다. 어린이들은 모든 것에 의존하면서 인간성을 형성해 나간다. 어린이는 성인과 많은 차이점을 지니고 있으며, 우리 어른들이 익숙해하는 것들을 원하지 않는다. 어린이는 어른들에게 오염된 정신을 치유하는 참모습을 만드는 힘을 가지고 있으며 어른들이 소유하지 못한 강한 영성적 에너지, 힘을 가지고 있다(Lilliard A.S., 2005). 만약 어린이가 어른이 지닌 그들만의 고유한 특징을 형성하지 못한다면 어른이 되고서도 스스로가 자신의 일을 수행할 수가 없다.

예를 들어, 인간의 언어를 생각해 볼 때 한 편에서는 새로운 언어를 배우거나 습득하려는 어린이가 있고, 다른 한 편에서는 새로운 언어를 배워야만 하는 새로 태어난 영아들이 있다. 현실적으로 성인은 새로 태어난 신생아들보다는 훨씬 유리한 점을 많이 가지고 있다. 어떻게 말로 표현할지를 알고 있는 언어 하나를 이미 소유하고 있다. 어린이들은 살아가면서 단순하게 자기의 환경 속에서 언어를 습득하게 된다.

어린이는 출생과 더불어 자기 주변에서 들려오는 말소리와 단어들에 관심을 갖게 된다(Epstein P., 2012). 그들에게 들리는 소리들은 완전히 새로운 것이다. 새로운 소리의 의미를 다시 떠올리며 영아는 소리들이 포함하고 있는 의미와 함께 소리를 연결시킨다. 어린이들은 반복적 훈련으로 인한 숙달에 의해서, 듣는 소리를 습득할 수가 있으며 후에 영아들은 자기 언어를 활용하는 특별한 집단이 된다. 모국어는 어린이가 태어난 나라의 언어가 아니라 자기가 살아가는 나라의 언어가 모국어가 된다.

어른들은 외국어를 완벽하게 재생산할 수 없지만 어린이들은 언어들을 계속해서 발달시킬 수 있다. 외국어를 학습하려면 미세한 부분까지 실제적으로 말하는 언어를 듣지 않으면 배우기가 대단히 어렵다. 어린이들은 세 살까지 새로운 언어를 배우며 말을 구사한다. 다른 연령층에서도 마찬가지다.

어린이들은 가능한 한 특별한 민감기를 지니고 있는데 민감기들은 인간화, 사회화, 육화로 진화하는 데 중요한 역할을 한다. 어린이들은 특징을 발달시키고 학습의 필요성을 강조하는 학습 능력을 개발하고 지속한다. 어린이들의 민감기 특성은 영구적인 것이 아니라 학습되면 자동 소멸되고, 다른 특징을 습득하기 위해 또 다른 능력을 배운다(Lilliard A.S., 2005)는 것이다. 어린이는 무한한 창조자이다. "어린이는 인간의 어버이다."라는 몬테소리의 외침과 같은 의미이다.

2) 몬테소리교실에서 교사가 어린이들에 대한 존중감과 협력관계를 어떻게 이어갈 것인가?

몬테소리교실에서 교사가 어린이들을 존중하고 두 사람이 함께 협력한다는 개념이 얼마나 중요한가를 우리들은 생각해 보아야 한다. 존중감과 협력이란 개념은 몬테소리교실에서 교사가 가져야 하는 상위 개념이라고 할 수 있다(Hart S., & Hodson V.K., 2006).

교사와 어린이들 사이에 상호존중과 협력관계를 유지할 수 있는 실천적 행동들은 무엇이 있는가? 다음의 사항들을 고려해 볼 수 있다.

- 어린이들과 교사가 실제적으로 살아가는 삶 속에서 공감, 학습, 모델, 생각, 행동 등을 배운다는 것을 기억해야 한다.
- 어린이들은 부모 다음으로 교사를 삶의 모델로 지지하면서 생활한다. 교사가 자기를 지지할 때 어린이들은 존경한다.
- 교사가 협력할 때 존중한다.
- 교사의 욕구와 어린이들의 욕구가 동일한 가치를 부여할 때 존중한다.
- 교사의 일방적인 존중과 협력은 역효과를 가져올 수 있다.
- 어린이들은 교사가 자기를 완전하게 존중해 준다는 느낌을 진심으로 받을 때 교사를 존중하게 된다.
- 교사가 어린이를, 어린이가 교사를 존중한다는 것은 두 개체만을 존중한다는 것이 아니라 교사의 모든 환경, 어린이들의 모든 환경을 전체적으로 존중한다는 것이다.

몬테소리교실에서 교사와 어린이들 사이에 존중하는 마음을 가진다는 것은 서로를 기다리는 것이다. 존중의 진지한 의미는 서로를 위해서 서로가 바라보는 것이다. 두 사람의 마음을 바라보면서 서로를 알아가고, 알도록 기다리면서 서로 바라보는 것이다. 인내가 필요하다. 그렇다면 교사들은 어린이들의 무엇을 보아야 하는가? 교사가 부모와 동료교사 그리고 다른 사람을 존중한다는 것은 그들이 경험하고 있는 사실을 보는 것이며 특히 그들의 현재 느낌과 욕구에 관련된 것을 보는 것이다(Hart S., & Hodson V.K., 2006).

교사는 교육을 위해서 어린이들을 바라볼 때에 항상 중요한 초점을 선택해서 바라보아야 한다. 교사는 자기의 견해, 욕구, 판단에 근거하여 어린이들의 행동 현상을 바라본다. 어린이들이 필요로 하는 것, 원하는 것, 느끼는 것, 작업방법, 훈련방법과 관련해서 그들의 생각과 견해에 근거하여 일어나는 행동 현상을 보아야 한다.

교사와 어린이 사이에서 협력하려는 의지는 가능할 뿐만 아니라 상호존중이 존재하는 곳에서 인간관계의 당연한 결과이다. 협력은 존중을 만들어가는 훌륭한 요소이다.

- 교사들은 어린이들에게 진심으로 존중을 바란다고 말할 때에 무엇을 의미하는가?
- 어린이들이 교사로부터 좀 더 많은 것을 배우고 좀 더 많은 정보를 얻기 바라는 것일까?
- 교사 자신의 가르치는 상황, 환경구성, 몬테소리 철학과 욕구를 위해 어린이들이 좀 더 관용적으로 이해해 주기를 바라는 것일까?
- 두 사람 사이의 암시적 갈등을 줄이는 것을 원할까?
- 어린이들이 교사의 말, 행동, 생각, 의견이 올바르다고 동의해 주기를 원할까?
- 자녀가 부모를 존중하고 높이 바라봐 주기를 원하는가?
- 자녀가 말대꾸를 하지 않고 부모들이 원하는 대로 행동하기를 바라는가?

우리는 지금까지 언급한 모든 것을 주목하여야 한다. 존중을 이해하는 데 있어서 많은 방법들이 있음에도 그것을 획득하고 요구하는 것은 왜 이렇게 힘들까? 대부분의 부모들에게 존중은 많은 생각, 느낌, 그리고 욕구를 의미하는 포괄적인 단어이기 때문이다.

사람들은 몬테소리 철학을 이해하지 못하고 몬테소리 프로그램은 사회성이 부족하다, 창의성이 없다, 자유롭지 못하다라는 무지한 비판을 한때 하였다. 몬테소리교육철학의 가장 주춧돌이 되는 자유개념을 이해하지 못한 무지에서 발생한 일이라 사려된다. 몬테소리 교실에서 개인 활동, 소그룹 활동, 대그룹 활동은 모두 협력관계에 근거한다. 예를 들면 개인 활동은 개인과 교구, 사물과의 협력관계를 강화하는 방법을 훈련하는 단계라고 할 수 있다.

교실에서 어린이들은 교사와 환경과 협력을 주고받는 것이다. 협력없이는 상호관계가 이루어질 수 없다. 교사가 어린이들과 주고받는 관계로서의 협력을 생각하지 않고 교사들이 어린이들로부터 원하고 받는 것만을 생각한다면 어린이들은 비협력적으로 관계 형성으로부터 차단될 것이다. 그때부터 교실 분위기는 냉랭하기, 일방적이기, 언쟁하기, 싸우기로 변질될 수 있다. 이러한 교실 분위기는 누구의 욕구로도 완전히 충족시킬 수 없으며 어려운 사회적 관계, 타협, 협상, 흥정이라는 부자연스러운 행동에 종종 의지하게 된다(Hart S., & Hodson V.K., 2006).

협력이라는 단어에 있어 "협"자는 공동을 의미하고, 공동 창작자, 공동 저자, 공동 작업자처럼 함께 일하고 작업함을 의미한다. 협력이라는 단어에 있어서 "력"은 일하다를 의미함으로써 결과적으로 협력은 '함께 일하다.'를 의미한다. 진정한 협력은 명령하는 것과 상호적으로 문제해결을 하는 것과 의사결정을 하는 것뿐만 아니라 어린이들의 인생에 영향을 미치는 규칙들에 관해 상호동의함에 있어서 몬테소리 교실에서 함께 작업하고 일하는 것을 의미한다. 협력하지 않을 때 교사들은 저항, 언쟁, 아픈 감정, 상충되는 의지, 처벌과 보상에 의존하는 당연한 결과에 부딪힌다.

몬테소리 교실에서 교사의 일방적인 협력은 저항감, 실증, 나태함을 초래하고, 인위적 복종을 강요하는 처벌과 보상을 초래하는 동시에, 이렇게 강요되는 인위적 복종은 어린이들에게 더 강한 저항을 초래하여 작업을 방해한다. 만약 교사가 호의적이고, 상호적으로 어린이들과 협력하지 않는다면 그들은 교사와 함께 무엇이든 작업하기를 원하지 않을 것이다.

협력한다는 것은 여러 사람의 뇌를 함께 공유하면서 활용하기 때문에 백가지 언어와 백가지 아이디어를 가져올 수 있다.

우리들은 혼자 있을 때보다 다른 사람들과 함께할 때 더 현명해질 수 있다. 하나의 뇌보다 여러 개의 뇌가 더 많은 아이디어를 공유할 수 있기 때문이다.

3) 몬테소리교실에서 협력방법을 훌륭하게 활용하기

어린이들은 개별적으로 작업을 하는 것보다 그룹을 구성하여 작업하는 것을 선호한다. 그러다 마음에 안 들면 싸우기도 하고 스스로 문제해결능력을 기르면서 사회성을 발달시킨다. 어린이들 사이에서 돕고 도움을 주는 것은 아마도 하나의 생존 수단이 될 수 있다. 협력이 생존 수단이 될 수 있다는 것이다. 그러므로 협력은 교사들에게 하나의 교육 목적으로 활용될 수 있다. 몬테소리 교실에서 미래 어린이들을 위해서 개발하여야 할 훌륭한 기술이라고 할 수 있다.

협력방법을 유지하고 발전시키기 위해서 우주에 존재하는 모든 생명체들은 협력을 완전히 생존 수단으로 발전시켜야 하고 이러한 협력방법이 몬테소리 교실에서 모델로 제공되어야 한다. 바로 몬테소리교실의 새로운 패러다임인 것이다. 어린이들이 현대사회의 정형적인 관계적 삶의 형태를 성공적으로 이끌어가기 위해서는 경쟁이 아닌 협력관계, 파트너쉽 관계의 장점을 학습하고 실천할 수 있도록 환경을 준비해 주어야 한다(조성자, 2013).

지금까지 인간들의 삶은 개인주의 내지는 가진 자와 가난한 자로 이분화되고 분리되면서 공동이 아닌 개인의 이익만을 추구하고 쟁취하고 협력이 아닌 권력을 쥐고 휘두르는 삶의 형태를 보이고 있었다. 우주에 존재하는 모든 생명체와 무 생명체는 서로 연결되어 하나로 통합체로 운동하고 그럼에도 불구하고 힘의 불균형에서 발생하는 지속되는 갈등, 전쟁, 생태계의 혼란과 파괴를 초래했다(Tomas B., 1999).

우리 어린이들의 미래는 어제까지 어린이들이 살아온 방법으로는 유지가 불가능하고 새로운 협력방법, 힘의 공유, 지배가 아닌 파트너쉽이 각 분야에 필연적으로 적용되어야 한다. 특히 지구촌 사람들을 위한 정의로운 삶, 경제적, 사회적, 생태학적 측면에서의 협력관계는 절대적이다. 몬테소리 교실의 생태학적 관점에서의 협력관계에 대한 의식적 교육은 어린이들, 사회 공동체, 지구에서 살아가는 생명체들, 우주 공동체 구성원들에게 있어 변화의 모델이 될 수 있을 것이다(조성자,

2013). 어린이들은 우주 평화와 우주 생태계의 보살핌과 보호에 한 걸음 더 다가가 우주 영성의 새로운 창조 작업에 적극적인 참여자가 되도록 의식적 변화를 서둘러야 할 시기가 도래한 것이다.

인간의 정상화를 위한 미래의 생존방법으로서 협력은 어린이들의 미래를 밝게 안내할 수 있는 방법이다. 협력은 인간이 건강하게 생존하는 데 필요한 유일한 방법이다. 다행히도 인간, 동물, 식물과 같은 생명체들은 서로 협력하는 방법들을 자존적으로 학습한다. 자연계에 생존하는 모든 생물체들은 완전하고 긴밀하게 서로를 협력하는 방법을 활용하고 있다.

인간의 유전자 속에 협력 인자가 내재해 있다고 할 수 있을까? '협력은 생명체가 생존하고 번성하는 과정에서 필수적이고, 우리 유전자 속에 내재해 있다'라고 말한다. 예를 들어 인간생명을 창조하는 세포 분열도 홀수로 분열하는 것이 아니라 짝수로 협력하면서 분열한다는 것이다. 모든 생명체들은 서로의 행복을 위해서도 협력한다는 것이다(Hart S., & Hodson V.K., 2006).

생물학자들은 인간을 포함한 모든 생명체는 지배가 아닌 협력관계라고 언급한다. 뇌 과학에서 말하는 것처럼 인간은 다른 사람에게 베품에 대한 영성을 즐길 때 자연적으로 뇌에서 엔돌핀이 생성되고, 기쁜 감정을 포함하는 자기제어 시스템이 활성화되었다고 주장한다(Hart S., & Hodson V.K., 2006). 이러한 논증은 인간이 지속적으로 줄 수 있을 때 베풂과 나눔 그리고 협력으로 인간 공동선에 기여할 뿐만 아니라 좀 더 나아가서는 우주에 존재하는 모든 사람들 사이에 자기 성숙과 발전 그리고 행복을 야기시키는 데 동기 부여를 한다고 주장한다.

예를 들면 달라이라마인 첸친 가스톤(Tenzin Gyatso)은 인간들은 사회적 생명체이고 인간의 생존과 행복은 매우 복잡하게 다른 생명체들과 연관되어 있기 때문에 인간에게 협력은 당연한 결과라고 주장한다(Hart S., & Hodson V.K., 2006). 상호적 행복을 위해 서로 협력하고자 하는 원동력은 인간 본능에 근거하는 것이라 할 수 있다. 인간의 정상적인 삶의 형태는 상호의존적인 것이 가장 기본적인 자연법칙이라 할 수 있다.

자연생명체들이 상호 교류하는 본능적 의식에 근거하여 협력관계를 유지함으로써 생존하는 것은 사회적으로 우월한 위치에서 존재하는 것뿐만 아니라 가장 작은 벌레들에게도 해당된다. 협력에 대한 논리는 종교, 법, 교육에 상관없이 자연적으로 적용되는 원초적 본능이라고 할 수 있다. 다시 말하자면 협력에 대한 적절한 정의는 상호적 행복을 위해서 모든 생명체가 타 존재들과 영향력을 함께 공유하여 활용한다는 것이다. 그러므로 몬테소리 교실에서 모든 생명체, 환경, 어린이와 어린이, 어린이와 교사의 협력관계는 필연적 과제라고 할 수 있다.

4) 어린이들과 일상생활 연습

어린이들은 자기 주변에 있는 모든 사물과 사람들과 활동하는 것을 행복해하며 두려워하지 않고 즐긴다. 어린이들은 그들이 볼 수 있는 다양한 환경을 흡수하지만 흡수한 환경을 활용할 수 있는 능력과 준비는 되어 있지 않다. 어린이들이 자기가 바르고 정확하게 보는 것들을 자기능력으로 실천으로 옮길 수 있다 할지라도 순수한 작업은 사회적 측면에서 효용성이 있는 것도 없는 것도 있다. 바로 성인들의 작업과 어린이들의 작업에 대한 차이점이라 할 수 있다. 이러한 측면에서 어린이들의 순수한 노력은 자발적인 동기 부여에 의한 훈련과 연습을 위한 자연스러운 활동이라고 볼 수 있다.

어린이들은 교사와 부모들과는 다른 영역에서 생활하면서 항상 위험하고, 비정상적이고, 비논리적이고, 완벽하지 못한 행동을 실행한다. 반면 어린이들은 성인들이 생산하는 모든 사물과 환경을 활용하지 못하는 것이 일반적이다. 어린이만을 위한 특별한 환경을 준비하는 것이 중요하다. 교사는 어린이들이 무슨/어떤 작업을 교실에서 행하든 간에 자유롭게 내버려두고, 어린이는 다른 사람들을 방해하는 일 없이 자기의 행동을 자유롭게 실행하는 것이 즐거움이다.

어린이들에게 일상영역은 앞으로 살아갈 미래를 위한 집에 필요한 내용물을 만들어가는 것이다. 집에 필요한 내용물들은 따로 따로 분리되어있는 것이 아니라 식구들을 보호하고 살아가는데 필요한 모든 것들이 연결되어있을 때 실효성이 있다(Lilliard A.S., 2005).

몬테소리의 일상생활 영역이 자기가 살아가는 문화를 중심으로 구성되어야 하는 이유가 바로 여기에 있다. 독일 집과 일본 집 그리고 한국 집의 구조가 다른 이유는 각자의 문화가 다르기 때문이다. 세계에서 활용하는 몬테소리 프로그램은 동일한 교구를 활용하는 공통점이 있지만 일상영역 만큼은 나라마다 다른 특징과 특성을 가지고 있는 이유가 된다. 어린이들을 위한 학교가 필요한 것은 아니지만 교사들은 어린이들이 삶을 정상적이고, 올바르고 도덕적으로 발전시킬 만한 환경을 구성해 주어야 한다.

가장 학문적이고, 가장 이상적이고, 가장 자연적인 기관인 몬테소리 어린이집, 유치원이라고 부를 수 있는 환경을 준비해 주어야 한다(Lilliard A.S., 2005). 어린이들에게 자기 소유의 집을 제공해 준다는 것은 그 집 안에서 자기 스스로가 주인의식을 가지고 자기들이 하고 싶고 원하는 대로 행동할 수 있는 넓은 운동장을 제공해 주는 것이다. 어린이들의 적극적인 활동은 육체적 활동과 직접 연결되기 때문이다(Lilliard A.S., 2005).

적극적인 활동을 위해서 필요한 요건은 그들 환경에 다양한 대상을 제공하는 일이다. 어린이들은 자기 소유의 집에서 무엇을 할 것인가? 어린이들에게 집을 좋아하도록 만들 수 있는 가장 우선적인 조건은 집 안에서 자기들을 기쁘고 즐겁게 해 줄 수 있는 무엇인가가 있다는 것이다. 이때 자유 선택과 독립심을 유발할 수 있다.

일상영역은 우선 가정에서 출발하여 세상에 자기를 알리는 방법을 훈련하는 것이다. 자기를 알리는 데 예의 있게, 건강하게, 정확하게, 사회적 규칙에 맞게 알리는 방법을 학습하는 것이다. 일상영역의 목적은 적극적인 측면에서 2가지로 구분할 수 있다. 하나는 가정에서 사람과 사물의 관계를 만들어가는 과정이고, 다른 하나는 가정에서 사회로 옮겨졌을 때 사람과 사물의 관계를 만들어가는 과정이다(Eissler T., 2009).

가정에서 사람과 사물의 관계를 만들어가는 과정에서 기본적으로 필요한 요소들을 훈련하는 것이다. 몬테소리가 1907년 어린이집을 개원한 다음 교육개혁을 주도하면서 제일 먼저 시행한 것은 어린이들을 위한 완전하고 안전한 환경을 만든 것이다. 주변의 물건뿐만 아니라 모든 가구를 어린이의 능력에 맞도록, 어린이들 몸의 육체적 비율에 맞도록, 어린이들이 사용하기 편리하도록 재구성하였다. 교구는 어린이들의 촉감을 고려했고, 아름답고, 투명하고, 매력적인 도안으로 구성하였다. 어린이들이 가지고 작업하기에 하나의 허점도 드러나지 않도록 하였다. 어린이들은 교구와 교실 환경에 대단히 만족하였고 하루를 즐겁게 보낼 수 있도록 배려하였다.

일상영역의 목적을 보면 다음과 같이 요약할 수 있다,

- **일상영역은 사람과 사물과의 관계에 필요한 기본적인 예법을 훈련하는 것이다.**

예를 들어 갑돌이가 갑순이에게 인사를 한다는 것은 어떤 의미를 가지는 것일까? 이것은 갑돌이가 갑순이에게 '나'라는 사람의 정체성을 알려주기 위한 가장 기초적인 행동이다. 인사를 통해서 서로는 처음으로 인간관계를 형성하게 된다. 인사를 나누는 방법이 나라마다 다르기 때문에 우리나라 문화에서 수용할 수 있고 일반화될 수 있는 방법으로 인사하는 방법을 가르치는 것이다. 어린이들에게 가장 안정적이고 쉽게 할 수 있는 인사방법이 배꼽인사가 아니겠는가?

- **일상영역은 자기 환경 속에 있는 사물들을 바르게 활용하는 방법을 훈련하는 것이다.**

예를 들어, 내 몸 관리하기, 환경관리하기, 소근육 발달 훈련, 대근육 발달 운동은 모두 어린이가 가정과 사회에서 살아가기 위한 기초훈련을 하는 것이다.

- **일상생활영역은 도덕적 규범을 훈련하는 것이다.**

몬테소리교육에서 인간의 정상화 개념은 어린이들이 도덕적 개념 속에서 일탈하지 않고 규범을 지키면서 생활하도록 돕고, 정상화로 진화하도록 안내해 주는 것이다. 어린이들에게 도덕률은 사회적 규칙과 규범에 근거하여 교육된다.

– 일상생활영역은 어린이들의 몸을 바르게 활용하는 방법을 훈련하는 것이다.

손 운동, 움직임, 소근육, 대근육 운동을 통해서 자기 몸을 바르게 활용하고 보호하는 방법을 훈련하는 것이다.

어린이들이 일상영역에서 활용하는 대체물(object)은 다양한 특징들을 가지고 있다. 어린이들이 사용하기에 편리하도록 하얗고, 예쁘고, 깨끗한 작은 물건들을 사용하지만 실제적으로 똑같은 대체물을 사용한다. 실제적으로 어린이들에게 교육적 활동이라는 개념을 인지시키기 위해서, 조심하기 위해서, 그리고 물건은 깨지기 쉬우므로 조심스럽게 다루어야 한다는 자극을 주기 위해서이다. 유리그릇이 바닥에 떨어지면 깨진다는 강한 메시지를 전달하는 것이다. 어린이에게 부주의로 인한 결과에 대한 경험을 미리 알려주는 것이다(Lilliard A.S., 2005).

교사와 어른들은 어린이들이 교실에서 닦고, 쓸고, 광택을 내는 일상생활을 즐긴다는 것과 그들의 반복되는 행동을 인정해 줘야 한다. 정확하게 반복해서 옮기기를 반복하는 것은 다음 단계인 자동교육으로 연결하는 훌륭한 방법이 된다. 준비된 환경은 어린이의 움직임 전체를 활동과 연결할 수 있어야 한다. 어린이들에게 모든 사물을 조심스럽게 다루고, 그들을 둘러싼 가구들 사이에서 부딪치지 않으면서 활용 가능하도록 만드는 것이 일상영역 훈련이다.

어린이들에게 움직임과 운동은 뇌운동과 연결되어 뇌운동을 활성화할 뿐만이 아니라 다른 친구들과 하는 사회 활동과 완벽하게 운동하는 숙달된 공동 작업할 수 있도록 돕는 것이다. 일상영역은 어린이에게 주어진 자기 본능을 개발하고, 내면의 충동기제를 억제하고, 자신의 행동에 주인이 되도록 돕는 활동이다(조성자, 2012).

교사들은 준비된 환경 속에서 지적이고, 학문적이고, 사회적 규범을 준수하는 활동을 할 수 있는 수단과 방법을 제공한다. 교사들은 환경구성에 힘쓰고 어린이들에게 제공하는 사물에 몰입과 집중력을 이끌어내는 정확한 방법을 보여주어야 한다(조성자 저, 2011). 어린이는 자기 스스로 비평가가 되어 자기 오류를 발견하여 수정하는 단계까지 도달한다. 어린이들은 스스로 사물의 실제와 오류를 터득하려고 노력할 때 사물이 선생님보다 더 어려운 존재라는 것을 인지하게 될 것이다.

어린이들은 아직 자기의 관심을 확실하게 정하지 못한다. 어린이들이 모든 활동을 통해 자신감을 가지게 되고 자기가 하는 작업과 활동이 긍정적으로 발달하게 된다면 관심은 또 다른 관심으로 연결될 수 있다. 다시 말하자면 활동은 감각과 인상이 어린이의 관심과 호기심을 집중시키고 고정시키게 하는 비밀이 된다. 어린이들은 자기가 관심과 흥미를 가지는 사물과 상호작용하면서 행동들에 관심을 고정하도록 만들고 이는 좀 더 적극적이고 효과적으로 움직이도록 어린이들을 자극한다. 어린이들을 위한 교육이란 그들의 움직임과 그 움직임이 실제 교육활동과 연결될 때 물 흐르듯 자연스럽게 몰입하게 된다.

5) 몬테소리 교실에서 일상생활 연습을 왜 하는가?

몬테소리의 어린이들과 유아교육기관을 위한 프로그램은 일상생활 연습을 통해 유아기 어린이들에게 성공적인 목표를 성취하도록 계획된 일상생활, 사회적 규범, 문화를 연습하는 영역이다. 일상 활동은 마루를 닦고, 나무에 광택을 내고, 식물에 물을 주고, 간식이나 점심을 준비하고. 식탁 차리기와 같은 일상에 필요한 실제적인 생활 활동 범주를 훈련한다. 이러한 일상 활동은 직접 할 수 있는 능력이 발달할 때까지 간접적인 효과를 통해서 미리 훈련하여 실제 활동으로 실시할 때 오류를 줄이기 위한 훈련이다. 몬테소리 교실에서 일상 활동을 포함시키는 중요한 목적은 다음과 같다(Lilliard A.S., 2005).

- 어린이들의 행동이 원하는 목적을 향해 갈 수 있도록 교육시키기 위해.
- 어린이들이 작업에 집중할 수 있는 능력을 발전시키기 위해.
- 어린이들이 차례대로 순서, 질서, 규칙에 의해서 단계별로 일을 실행할 수 있도록 하기 위해.
- 어린이들 스스로 자기 환경과 우주 전체 환경을 돌봄과 자기 환경, 자기 몸을

관리하는 방법을 배울 수 있도록 하기 위해서.

일상생활 연습들은 몬테소리의 모든 영역별 교육과 서로 밀접한 관계를 가지고 모든 교육의 근거와 기초를 제공한다. 어린이들의 몸 움직임과 인지사이의 관계에 관에서 일상훈련이 특히 중요한 이유는 훈련을 통해서 몸의 의미 있는 목적에 도달하기 위해서 또는 정신을 위해서 사용하여야 하기 때문이다.

어린이들의 발달과 일상생활 훈련과 같은 목적으로 실행했던 일련의 긴 행동들 사이에 관계히여 연구가 이루어지지는 않았지만, 물건을 잡거나 목적지에 기어가는 것과 같은 목적을 향해서 이루어지는 단순한 행동들의 영향력에 대한 연구는 이루어져왔다.

몬테소리는 어린이들이 주변에 흥미롭고 관심 있는 사물들이 있으면 자기 주변을 보살피고 돌본다는 것을 관찰하였다. 그녀는 어린이들이 유아 초기부터 질서의 민감기와 정확성에 대한 민감기를 가지고 있다는 확신감을 가졌다. 한 예로, 어린이들은 활동 중에 정확하고 확실하게 어떤 단계를 거쳐 실행하는지를 바르게 알고 싶어하고, 어떻게 비누를 정확하게 비누 접시에 올려놓는지를 알고 싶어하는 것을 알았다. 몬테소리는 유아기를 정확성, 확실성, 규칙, 질서에 관심을 갖는 결정적 시기로 민감기임을 알았다. 어린이들의 민감기는 흥미로운 연구 대상이 될 수 있으며 일상생활 활동은 어린이들의 이러한 민감기에 대한 내재적 욕구와 동기를 자극시키기 위해 착안된 영역이다(Lilliard A.S., 2005).

일상생활 활동의 한 예로, 몬테소리 교실에서는 빨래 빨기 활동 교구가 준비되어 있다. 이 세트에는 물로 가득 채워진 큰 대야와 탁자 밑의 플라스틱 매트, 비누, 손톱을 닦을 수 있는 작은 솔, 스펀지, 그리고 수건을 준비한다. 빨래 빨기 활동을 위한 물건들은 어린이들의 몸에 비례하여 알맞은 크기와 무게로 준비되어 있어 어린이들이 즐겁게 연습하는 교구들이다. 몬테소리의 다른 교구들처럼 이 교구도 어린이들이 사용하고픈 욕구와 흥미를 이끌어 낼 수 있도록 매력적이다.

교사는 어린이들에게 빨래 빨기 활동을 하는 일련의 행동을 정확하게 시범으로 보여 준다. 물건들을 플라스틱 세숫대야로 가져오기, 플라스틱 매트를 펴기, 양동이에 물을 어느 선까지 채우기 등이다. 어린이들은 다른 어린이들이나 교사의 시범 보이기를 관찰했을 것이고, 그들은 관찰만으로 어린이들이 배울 수 있게 자세히 보여주었을 것이다.

몬테소리 관점에서 보면 빨래 빨기 활동의 중요한 시사점은 걸레가 깨끗해지는 것이 아니라 어린이들이 손과 정신을 활용해서 목적을 성취하기 위한 행동을 하였다는 사실이다. 이 과정에서 행해지는 어린이들의 동작들은 목적에 맞는 순서와 방식으로 행해진다. 목적을 이루기 위해 행동을 실천하지만 중요한 목표는 걸레를 잡기 위해 팔을 뻗고 걸레를 향해 몸을 움직이는 단순한 행동에서 시작된다(Lilliard A.S., 2005). 몬테소리 교육 측면에서 다음 단계와의 연계활동은 유치원, 초등학교에서의 작업에 중요한 역할을 하게 된다.

일상생활 활동은 육체와 정신을 활용하면서 어린이들이 조직화된 일련의 활동을 수행할 수 있도록 교육시킨다. 유아교육기관에서 어린이들이 하는 일상생활 활동 중 옷 틀 활동이 있다. 리본, 똑딱 단추, 단추 끼우기, 지퍼를 열고 닫는 훈련을 하는 것이다. 옷 틀 활동은 어린이들이 옷을 입을 때 필요한 기술들을 배우게 하는 활동이다. 활동이 대부분의 몬테소리 일상생활 연습들과 다른 점은 옷 틀의 실제적인 목적을 직접 성취하는 것이 아니라 간접적 목적을 가진다(Lilliard A.S., 2005)는 것이다. 왜 몬테소리가 마지막 목적인 어린이들이 스스로 옷을 입도록 하는 것 대신에 닫고 여는 특별한 기술을 훈련하도록 특별한 옷 틀 교구를 제작하였는지를 생각해 보는 것은 흥미로운 일이다.

일상생활 활동들은 일반적으로 실제적 목표가 있고 교실에서 실제 필요를 충족시킨다. 책상은 실제로 더러워져서 닦아야 한다. 당근은 간식으로 먹으려면 썰어야 하고, 식물들은 건강하게 자라기 위해서 물을 주어야 한다. 구두에 광택을 내면 외관 상 깨끗하다. 몬테소리 교실 안에서의 활동은 실제적이고 정확한 목표를 가지고 실천해야 한다. 어린이들의 연령에 상관없이 자신의 활동에서 의미를 찾는다는 것은 중요하므로 교사들은 모든 활동이 효과적이 되도록 주의하여야 한다.

자기 옷에 달린 단추를 실제로 끼워보는 것 대신에 옷 틀에서 단추를 채우기 때문에 직접적인 목표를 성취하는 것이 아니라 중요한 목적을 직접적으로 이루는 대신에 오히려 옷 틀의 단추를 잠그는 것을 연습함으로써 간접적으로 그 목표를 성취하도록 도와준다. 몬테소리의 논리는 자기 옷의 단추를 직접 끼울 때에는 잘못 끼웠다는 좌절감을 줄 수 있기 때문에 연습에 방해가 될 수 있다는 점을 염두에 둔 것이다. 옷 틀은 직접 자기 옷에 하는 것보다 덜 실망스러우면서도 기술을 배울 수 있는 대안방법이 된다(Lilliard A.S., 2005).

일상생활 활동이 실제적인 목표를 이루어야 한다는 사실은 이론적으로 중요하다. 왜냐하면 몬테소리는 행동이 정신 발달에 유익하려면, "모든 행동은 실제 일어나고 있는 정신의 활동과 연결되어져 있어야만 한다."고 믿었기 때문이다. 실제적인 목적만이 정신을 원하는 활동에 참여시킨다. 활동에 의미를 확산하는 것 외에 일상생활 활동들은 어린이들이 몬테소리 교육의 특징인 집중력 훈련을 성공적으로 해낼 수 있도록 이끌어간다.

몬테소리는 집중력을 통해서 어린이들의 내적 안정감과 편안함을 개발하고, 이러한 안정감과 편안함은 교실 안에서 다른 활동에 영향을 미친다고 믿었다. 몬테소리는 집중력을 통해서 이루어지는 평안함을 "정상화"라고 불렀다(Eissler T., 2009). 이유는 대부분 어린이들의 문제 행동들이 의미있는 활동에 집중했을 때 사라지는 현상을 보고 명명한 것이다.

영아들은 가끔 자신이 활동 중인 상황에서 집중력을 나타낸다. 예를 들면 걷기 훈련이라든가, 숟가락으로 떠먹는 훈련의 상황이다. 유치원 과정에서 반복하는 기초적인 일상생활 활동들은 초등 교실과 연결되어 훌륭하게 일상적인 일들을 스스로 수행할 수 있는 능력을 발달시키기 위한 훈련이다. 종종 유치원 과정의 몬테소리 경험이 부족한 어린이들이 몬테소리 작업에 집중하는 데 어려움이 있다고 말한다. 몬테소리 어린이들은 읽기, 쓰기, 수학, 기초 단어, 내재적 동기부여, 자기 방향성, 자기 훈련과 같은 가장 일반적인 기술들도 부족하다. 몬테소리 초등 교육에서의 기초가 되는 일상생활에 필요한 행동들이 유치원과 연계된다면 더 많은 효과를 가져 올 수 있다.

6) 어린이들의 일상생활에서 완전성을 위한 작업

어린이들이 자유선택을 통해서 선택한 작업을 완전히 마친 어린이들과 중간에 작업을 마친 어린이들의 차이점을 다음과 같이 생각해 볼 수 있다(Lilliard A.S., 2005).

자기 일을 스스로 완성해본 경험이 있는 어린이와 그렇지 못한 어린이들의 행동 현상은 위와 같이 아주 다르게 나타난다. 몬테소리 프로그램에서 작업을 중간에 마치는 것을 허용하지 않는 이유가 바로 이러한 현상 때문이다.

작업을 완성한 어린이들의 특징	작업을 미완성한 어린이들의 특징
자존감, 자아 만족도가 높음	권태로움, 싫증을 잘 냄
작업을 놀이 형태로 즐기면서 진행함	작업을 의무감으로 진행함
창의성이 발달함	한가지 작업으로 끝남
절정경험의 기회를 가짐으로써 자신감이 증가됨	작업에 관심이 없음
다른 작업에 대한 호기심이 증가됨	자신의 무기력함을 표출함
창조적으로 작업을 지속하려는 성향이 증가됨	다음 작업으로 연결을 시키지 못함
작업시간의 양이 증가되어 집중력이 강함	집중력이 일어나지 않음
몰입상태가 강하게 일어남	정서적 안정감이 부족함
독립적, 자율적으로 작업을 진행함	교사와 친구에게 의존하려는 경향이 강함
작업에 대한 애착이 강함, 작업을 즐김	작업을 의무감으로 실행함, 시간만 지나가기를 기다림
스스로 환경, 자아를 지배함	다른 친구들을 방해함

어린이집, 유치원에서 어린이는 매일 일상생활과 연결된 다양한 활동을 즐긴다. 일상적인 환경에서 어린이들에게 제공되는 다양한 활동기회가 주어진다. 예를 들

면, 오가다 만나는 이웃 사람들과의 길에서 인사하는 것, 자신의 복장을 관리하는 것, 책상이나 바닥을 닦는 것, 열려 있는 창문을 닫는 것, 이러한 행동들은 어린이들이 다른 사람들과 공동체 삶을 공존하는 데 자연스럽게 일어나는 일들이다. 어린이의 일상생활 활동은 가르치기보다 경험과 자기에게 모델링 역할을 해주는 사람, 그리고 자기 스스로의 자율성에 의해서 학습된다. 개념이 학습에 의해서 얻어지는 것이 아니라 경험에 의해서 이해되는 것과 같은 맥락이다.

운동 조절과 분석을 위한 연습들도 마찬가지 예가 되겠다. 동일한 몬테소리 교실에서 몬테소리 교구를 나누어 가진 15명 혹은 20명의 어린이들은 똑같은 문제를 가지고 있다. 어린이들이 작업하는 동안 모든 어린이가 선호하는 특별한 교구를 사용하기 원한다. 특별한 교구는 한 개 밖에 없는 것으로 먼저 그 교구를 선택하여 작업하는 어린이가 작업을 마칠 때 까지 인내롭게 기다려야 한다. 어린이는 인내를 체험하고 기다림을 극복하면서 다른 어린이가 사용하던 교구를 자신이 작업할 수 있는 기회가 돌아오면 열심히 작업한다. 자기가 사용하고 싶은 교구를 다른 친구가 먼저 작업할 때 어린이들은 자연적으로 마음에서 갈등이 일어날 것이다.

예를 들어 대부분의 사람들은 어린이들을 위해 운동화를 살 때 같은 모양의 운동화를 선택한다. 엄마는 항상 형에게 동생이 있으니까 사용하다 대물림을 해 줄 수 있다고 생각하지만 동생은 형과 다른 운동화를 신으려고 할 것이다. 자기가 원하는 운동화는 형의 것이 아니라 자기가 좋아하는 다른 운동화이다. 즉시 싸움이 벌어지고 엄마의 사랑 분배에 문제를 제기한다. 엄마는 형만 사랑한다고.

자기가 원하는 교구를 다른 친구가 작업하고 있다면 인내롭게 참고 기다리도록 설득력 있게 이야기하여야 한다. 참을성 있고 복종적인 어린이들은 긍정적으로 수용하지만 그와 반대 성향을 가진 어린이들에게 교사들의 설득력이 중요하다. 교사에게도 어린이의 변화를 기다릴 인내가 필요하다. 어린이는 다른 어린이가 어떤 행동을 하고 어떻게 작업을 완성하는지 주의 깊게 열정적으로 관찰한다. 어린이들의 끓어오르는 에너지와 열정은 타고난 본능적인 내적 욕구이다.

몬테소리 교실에서 혼합연령 반 어린이들은 자기보다 작은 어린이를 신기해하고 보살펴 주어야 한다는 생각을 한다. 몬테소리 교실에서 원하는 사회 정서는 동생들을 보살펴 주기를 원한다. 어린이들은 작은 어려움에도 불구하고 어린 동생들을 적극적이고 자발적으로 도우려고 한다. 몬테소리 교실에서 일어난 한 예를 들면 한 어린이가 물이 가득 찬 유리그릇을 옮기다가 부딪쳐서 미끄러졌다. 그릇은 바닥에 떨어져서 산산조각 나고, 물은 바닥에 엎질러졌다. 자연히 어린이는 울기 시작했지만 옆에 있던 다른 어린이가 치우면서 하는 말이 "그래, 누구에게나 일어날 수 있는 일이야. 우리가 깨끗이 치울게." 아무렇지 않게 말을 남기고 다른 그릇을 가져와서 그를 위로 했다.

몬테소리 교실에서 규칙 중 하나는 작업이 끝났을 때 사용한 모든 물건들은 원래 있던 자리에 원래 있던 상태로 갖다 두는 것이 원칙이다. 어린이들은 종종 한꺼번에 여러 가지 교구를 주위에 펼치고, 제자리에 가져다 정리정돈하는 연습이 필요하다. 흔히 많은 교구를 가지고 온 어린이는 다른 어린이의 도움을 받는다. 어린이들은 많은 교구를 동시에 가져온 친구를 나무라기도, 교사에게 알려주기도 한다. 어린이들은 자신이 스스로 무엇인가를 만들어낼 때는 이러한 현상은 절대 돕지 않는데 그들은 본능적으로 도움이 필요 없다는 것을 잘 알고 있다.

어린이들은 자신의 목적을 위해서, 자발적으로 자기 환경의 실제 생활에서, 평온하게 작업해 온 삶의 과정에서 사회적으로 안정된 정서 상태를 유지하면서 성장한다. 사회적 정서는 실제적인 활동, 어린이가 자기가 행한 행동에서 철저하게 성취욕을 경험하고 자신이 흥미를 느끼는 것을 반복할 때 일어나는 현상이다. 이러한 현상은 완성된 작업 현상에서 일어나는 사회적 정서의 아름다운 기능이라고 말할 수 있다. 안정된 사회적 정서는 어린이들의 완성된 활동 자체에서 일어난다. 이 어린이들이 교구활동을 할 때, 필요한 물건을 활용할 때, 자기가 좋아하는 작업을 할 때 어린이들의 역량을 우리는 열정이라 부를 수 있다. 작업을 기분 좋게 완성할 때 나타나는 현상이다. 어린이들의 자아 만족감은 환경에서의 노력, 숙달, 독립심, 자유에서 나타나는 것이 아니라 만족감은 무엇인가를 자신의 힘으로 완성해 낼 수 있다는 신념에 있다.

한국에도 현재 어린이를 위해서 세워진 어린이집과 유치원 건물들이 흔히 눈에 띄고 건축 대상을 받았다는 현수막이 걸려있는 것을 종종 볼 수 있다. 유아들이 실제적이고 성공적으로 생활을 할 수 있도록 훌륭한 건축물, 자연과 어우러진 아름다운 위치, 아름다운 디자인 등등 …… 참으로 훌륭한 어린이들만을 위한 공간이고 환경이다. 건물은 어린이가 사용하기에 한줌 어려움 없이 친자연적 소재로 건축되어 어린이들을 위해 완벽하게 준비되어졌다. 그 건물 속에서 지금 우리들의 사랑스런 어린이들은 어떤 작업과 활동을 하면서 성장하고 있을까? 외적으로 보여지는 그대로일까? 아니면 건축물보다 더 훌륭한 교육시스템 속에 내일의 행복을 보장받고 있을까?

어린이의 반복 활동은 재미있어 보인다. 반복을 그렇게 좋아하고, 같은 감동을 느끼고, 같은 기분을 가지는지 의심스러울 때도 있다. 예를 들면, 몬테소리 어린이집 어린이들은 거의 같은 일과를 반복할지도 모른다. 어린이들은 반복활동을 통해서 훌륭한 습관을 형성하고 또 같은 행동을 반복하기를 좋아하기도 한다. 어린이들은 반복활동을 통해서 일상생활 영역활동을 숙달하기도 한다. 교구사용 연습과 훈련의 반복 활동을 통해서 몬테소리 교실의 어린이들은 완전함, 완성, 성취감을 경험한다. 어린이들의 반복활동은 그들이 원하는 활동을 숙달하도록 만들고, 활동을 완성한 다음 느끼는 성취감을 경험하고 자기 발달을 스스로 촉진시킨다.

어린이들은 반복활동을 통해서 자기 성장을 촉진하고, 전인적 발달을 완성하고, 만족감, 독립심을 촉진하고 진지한 만족감과 행복감을 느끼도록 안내한다(Lilliard A.S., 2005). 어린이들의 모든 반복활동은 자기 스스로 완전한 활동이 되도록 촉진한다. 완전함은 반복 활동과 숙달이 없이는 불가능하다. 몬테소리 교사들은 어린이들을 완전함으로 안내하기 위해서 정상적으로 진화할 수 있도록 그들 환경에 즐비해 있는 모든 장애물들을 거두어들이고 그들 삶을 완전하게 안내하는 유능한 등대지기가 되어 주어야 한다.

물론 우리 교사들이 현재보다 좀 더 완벽해지려고 노력하고 좀 더 나은, 더 가치 있는 문제를 스스로에게 제시할 때 우리는 어떤 결론에 도달할 수 있을까? 우리는 가장 단순한 행동부터 좀 더 완벽해지도록 노력하는 길이 완벽에 이르는 첫 번째 단계가 아니겠는가 생각해 본다. 작은 것부터 시작해서 단계적으로 큰 것으로 말이다. 우리들은 일상적인 활동에서 작은 것에 관심을 가지고, 작은 것을 공유하고, 작은 것을 주의 깊게 배려하고, 작은 것을 세심하게 생각하고, 작은 것을 조심스럽게 존중하면서 가능한 작은 것에서 부터 완벽하도록 실천하는 것이 완성에 도달하기 위한 첫 번째 단계라고 생각한다(Lilliard A.S., 2005).

우리들은 환경 속에 흩어져있는 모든 것들을 활용할 권리가 있고, 활용함으로 또 다른 모든 것을 작은 것을, 중간 것을 마지막에는 아주 큰 것 성취할 수 있을 것이다. 완성에 도달하는 데 좀 더 신중해지기 위한 방법은 다양한 아이디어, 우리가 실천할 수 있는 더 다양한 행동들, 작은 것이지만 공동 협력하는 자세들은 우리가 완성할 수 있도록 시작하고, 우리가 좀 더 완벽해 질 수 있도록 돕는 훌륭한 완성을 향한 요인들이 될 것이다.

우리 가운데는 다수의 사람들에게서 보여지는 특성인 또 다른 종류의 심리학적 구조가 있을 수 있다. 내가 소유한 자신만의 물건 몇 개를 가지고 있을 때는 장소를 바꾸거나 누구도 만지는 것을 원치 않을 경우가 있다. 나의 친한 친구가 와서 "나에게 저것 하나만 빌려줄래? 넌 지금 사용하지 않잖아." 우리는 "안 돼!, 놔둬!, 내꺼야!" 라는 식의 소유와 독점의 감정이 도사리고 있다. 우리가 빈 집에 다수의 방을 가지고 있다고 가정해 볼 수 있다. 친구가 나에게 방하나만 빌려줄 수 있니 라고 물었을 때 싫어 라고 대답했다면 "그 많은 방을 무엇 하려고, 나에게 하나만 빌려주지.". 반대로 우리가 무엇인가 실행할 계획을 세울 때 누구에게 도움을 청하고 우리에게 필요한 사람과 경비를 계산한다. 우리 마음의 빈 공간을, 나의 빈 삶의 공간을 채울 수 있는 무엇인가를 찾아 나선다.

교사들이 완벽함에 이르는 길은 교사 자신의 삶에서 행하고, 생각하고, 완성의 수단으로서 실행하고 있는 일상적인 행동에 있다. 완벽함에 이르는 길은 어린이들의 타고난 표현방식이며 활동과 삶의 방법이라고 생각한다. 어린이들은 일상영역에서 연습하는 스스로 옷의 단추를 잠그기 위해 단추를 채운다. 옷의 단추를 잠근다는 의미는 스스로 자신의 완성을 의미한다. 어린이가 단추를 끼우자마자 단추를 다시 풀고 또 다시 잠그는 이유이다. 어린이가 목표를 달성하면 또 다시 활동을 반복하는 이유이다.

어린이의 모든 행동은 자기완성과 자기 개발의 움직임이다. 교사들이 생각하여야 하는 인상적인 것은 완벽함의 길이 매우 특별하여 성인들에게는 매우 어려운 것이 어린이들에게는 거의 본능적이라는 것을 정확하게 인지하여야 한다. 교사가 어린이를 정확하게 관찰해 보면 어린이가 실천하는 모든 행동에 의해서 어린이는 더 완벽하게 성장한다는 것이다.

완성에 이르는 길은 고차원적인 상상력이나 겸손한 행동, 작은 일들, 완성을 위해 신중하게 하는 것, 혹은 높은 감수성으로 도달하는 것이 아니라 어린이들은 완성의 길 안에서 열정적이고, 도전적이고, 단순하고, 자기가 자유 선택한 좋아하는 일을 할 때 완성의 길을 향한 행복한 삶을 수행하는 자기 자신의 주인이 될 수 있다.

7) 어린이들의 질서에 대한 욕구

현대 아동에 대한 인간학, 인문학을 연구하는 학자들은 인간의 본질, 진화과정뿐만 아니라 일반적으로도 어린이들의 발달적, 사회적, 문화적 측면에 중요성을 입증하였다. 현대에는 생물학 및 생명에 관한 연구뿐만 아니라 진화에 관한 연구도 어린이의 존재에 초점을 맞추는 경향이 있다.

생물학적 관점에서 몬테소리는 어린이들이 발달하는 과정에서 나타나는 민감기를 발견한 것이다. 현대 생물학의 가장 놀라운 업적 가운데 하나로서 현대 진화론에도 영향을 미쳤다고 할 수 있다. 몬테소리는 어린이들의 발전단계에서 특별한 민감기를 교육과 연결하여, 어린이로 하여금 특정 행동을 수행하게 하는 특별한 자극을 촉진하도록 돕고 어린이의 활동과정에 자연적으로 도움이 되도록 적용한 것이다.

어린이들에게 특별한 민감기는 일생동안 잠재해 있는 것이 아니라 발달단계에 따라 민감기가 나타나고, 특별한 민감기의 목적이나 목표가 충족되어지면, 특별한 민감기가 사라지고 다른 종류의 민감기가 일생동안 등장한다. 한 종류의 민감기가 사라지면 사라진 자리에 다른 새로운 민감기가 그 자리를 대신하게 된다. 이렇게 하 종류의 민감기가 다른 민감기로 옮겨지고, 이들 민감기로부터 안내를 받으면서 어린 존재는 성인의 단계에 도달한다. 생물학적인 민감기 측면에서 본다면 종족의 생존양식은 단지 어른이 제공하는 도움뿐만 아니라 특별히 네불라의 특성들이 어린이에게 제공되어 민감기를 거쳐 스스로 발달과 진화를 수행한다(조성자 저, 2010).

네델란드의 드브리스는 곤충들의 민감기를 연구한 학자이다. 모충들은 죽기 전에 종족 번식을 위해서 가지에 알을 낳는다. 모충은 최선을 다해 알은 본능적으로 보호된다. 무서울 정도로 모충의 보호로 외딴 장소의 어둠 속에서 애벌레, 작은 유충은 알로부터 깨어나 세상에 모습을 드러낸다. 유충은 매우 예민하다. 모든 유충들은 어둡고 약간 은밀한 곳에서 태어난다. 유충은 가장 부드러운 잎과 싹이 있는 가지 끝자락에 매달려 생존한다.

누가 정말 아주 미약한 어린 존재를 보호할 수 있을까?

유충에게 누가 먹이가 있는 가지 끝 벼랑으로 매달려 있어야 살아남는다고 말해주었을까? 생물학적인 연구에 의하면 외형적으로는 아름답고 신비한 작은 피조물도 빛에 관심을 보이는, 특히 더 밝은 빛에 특별한 민감기를 가진다. 유충이 스스로 빛의 유혹에 반응하려면 가지 끝 가장 밝은 지점에 도달할 때까지 스스로 움직여 자기들에게 필요한 기본적인 욕구를 충족시킬 먹이를 찾아야 한다. 차츰 유충이 성장하면서 특별한 먹이와 밝은 빛이 더 이상 필요하지 않으므로 결국 유충들은 빛에 대한 민감기는 사라지면서 빛에 대한 유혹이 사라진 것이다.

민감기 동안에 몬테소리교실에서 교사들은 어린이들에게 모든 측면에서 강한 애정, 격렬한 관심을 가진다. 만약에 교사들이 어린이들의 민감기를 지나쳐 버린다면 교육의 적절한 시기를 놓쳐버린 것이다.

교사들이 말하는 어린이의 행동의 학습효과를 결정짓는 열정, 도전, 노력, 애정, 끊임없는 사랑의 욕구, 성실함, 인내력, 창조적 능력에 대해서 말한다. 위에서 언급된 어린이의 정신 속에 내재해 있는 요소들은 그들 생명을 위해서 필수적인 것이다. 그러나 생명에 필수적인 요소들이 어린이의 나이에 따라서 변한다. 그러나 어린이들이 발달이론을 모르는 부모와 때로는 교사들까지도 이들 관심의 일시성에 주목하면서 어린이들이 변덕스럽다고 말한다.

민감기는 어린이들의 특별한 기능을 획득하고 학습을 유리하도록 도와주지만 민감기 기능이 획득되고 나면 무관심하게 되고, 특별한 것에 대한 민감기는 없었던 것처럼 지나간다. 어린이들은 성인들처럼 발달과정을 거치면서 행동을 성공적으로 이끌어낸다. 교사와 부모들은 영아와 어린이들의 등대지기처럼 길잡이 역할을 충분한 지적 능력을 가지고 자만하는 동안 어린이들의 각기 다른 민감기들은 사라지고 교육 적기를 잊어버리게 된다(조성자, 2010). 어린이들은 발달과정에서 가장 절정기인 민감기 발달을 통해 자기 환경에 적응하면서 인지발달을 지속하고 자기 자신에 대해서 배울 수 있는 방법을 터득한다.

몬테소리 교실에서 교사들은 어린이들의 삶에 있어서 아주 이른 시기에 질서에 대한 민감기를 관찰하게 된다. 자기 환경에서 사물과 교구가 항상 같은 자리에 위치 한 것을 관찰한 어린이는 환경 속에 고정되고 변하지 않는 무엇인가를 찾고자 하며, 그리하여 자신을 환경에 적응시키려고 한다.

물건을 같은 장소에 고정하려는 질서의 민감기는 어린이에게서 두 가지 방식으로 나타난다. 하나는 어린이들은 같은 장소에 항상 자기가 늘 활용하는 물건이 있는 것을 볼 때 즉시 안정감과 위안을 가진다. 이러한 현상은 아마도 성인들에게도 적용될 수 있다. 다른 하나는 어린이들이 사용하던 물건이 제자리에 있지 않았을 때 느끼는 불안감과 같은 것들이다. 어린이들은 반드시 있어야 할 장소에서 물건을 더 이상 찾을 수 없거나 있어서는 안 될 장소에 물건이 있는 것을 발견했을 때 어린이들은 즉시 격하고 충동적인 반응을 나타낸다. 바로 질서의 민감기와 연결할 수 있다.

교사들에게 어린이들이 같은 장소에 질서감 있게 사물과 교구를 놓는다는 것이 어떤 목적을 가지는지 질문할 수 있다. 교사는 어린이들에게 교구를 정리 정돈하라는 것을 가르치지 않았다. 교사는 어린이들이 본능적으로 질서감을 원하고 질서의 민감기를 가지고 있다는 사실을 알아야 한다. 만약에 몬테소리 교사가 좀 더 어린이들을 관찰한다면 즉시 인지할 수 있다.

어린이들이 외부 환경에 적극적으로 적응하기 위해서는 정돈된 장소에 있는 교구와 사물을 즐겨 사용하는 것들이 정해진 장소에 있는 것으로부터 작업을 시작하게 된다. 어린이들은 어떤 방법적이고 구조적인 작업을 하기 위해서 자기들만의 정확한 정신적인 질서를 갖게 된다. 어린이들의 정신적인 질서를 위해서 늘 사용하던 물건이 있던 곳에 있을 때 혼란스럽지 않게 작업을 할 수 있다. 어린이들은 여기는 인형이, 옆에는 침대가, 아래는 가방이 있다는 것을 직관적으로 알아간다.

교사들이 어린이 개인에게 가지고 있는 생각하고 보는 관점에 대한 선입견으로부터 멀어진다면 그들의 내면세계를 정확하게 볼 수 있고, 그로 인해 개인에 대한 많은 것을 효율적으로 배울 수 있다. 교사들 대부분은 교사 자신이 스스로 지시한다는 것에 동의를 한다. 예를 들면 어린이들은 언어의 폭발적 시기와 언어의 민감기를 거쳐서 우리는 유창하게 언어를 구사할 수 있는 자연스러운 현상이 나타난다. 어린이들은 자기 손으로 자기 몸 부위를 가르치면서 코이고, 눈이고, 머리를 가르칠 수 있다. 이러한 자연스러운 능력은 어디에서 어떻게 발달해 오는가?

대부분의 사람들은 어린이들을 가르치고 지도하는 것은 일차적으로 엄마라고 생각하는 데 익숙해져 있다. 어린이들의 정상화, 육화, 인격화로 진화하는 데 지대한 공헌을 하는 사람은 부모와 교사 혹은 타인 양육자라고 생각하지만 조금만 신중히 생각해 보면 사실이 아니라는 것을 설득력 있게 이해할 수 있다(조성자, 2012). 몬테소리 철학에 의하면 어린이는 어버이고, 위대한 스승이라고 말한다. 즉 어린이가 어른을 성숙하게 만들어가고 안내한다는 것이다. 환경과 상호작용하는 것이다.

인간들이 생성해가는 모든 활동 하나 하나는 자연스러운 본능으로서 그들은 이런 창조적 작업을 유아기에 즐기는 훌륭한 건축가인 것이다. 성인들도 바로 그런 유아기를 거쳐 오늘의 "나" 라는 정체성을 형성해 놓은 것이다(조성자, 2013).

교사가 어린이들이 본능적으로 무질서하다고 생각하는 것은 또 다른 잘못된 생각이다. 어린이들에게 질서란 지적 능력과 사고력, 생각을 만들어가는 구성체로서 필수적인 기본 조건이다. 아주 다행스런 일은 질서개념은 어린이들에게 본능적으로 주어졌다. 교사가 어린이들을 위해 환경을 준비할 때 가장 우선적인 기본조건은 질서정연한 사물의 질서개념이다. 지적 능력과 사고력, 생각을 발달시키기 위해서 교사들은 다양한 생각들과 논리적으로 구성해야 한다. 교사가 어린이들과 이야기를 하는 동안에도 생각을 질서감 있게 구성해야 한다. 만약 교사가 그렇지 않다면 환경뿐만이 아니라 생각에 있어서도 무질서하게 모방하고 학습할 수 있다. 자기가 좋아하는 교사처럼.

만약 몬테소리 교실에서 어린이가 대단히 혼란스럽고 무질서하다면 이전에 그 어린이에게 주어졌던 환경에서 적절하고 준비된 환경 조건을 제공 받는 것에 실패했다고 말할 수 있다. 만약 어린이들에게 준비되지 않은 부적절한 환경조건이 어린이들의 질서를 개발하는 데 실패한 것이다. 교사는 교실 환경 관찰을 통해 재구성, 새로운 디자인으로 변화를 주어야 한다. 교사는 어린이의 질서에 대한 욕구를 충족시키기 위해 노력할 필요가 있다.

만약에 지금도 환경 속에서 어린이들이 질서를 유지하는 데 방해를 받는 장애물이 있다면 교사가 어린이들의 진정한 요구를 이해하지 못한 교사의 생각과 태도에서 발생한 결과라고 할 수 있다. 어린이들에게 질서를 만들어 가는 데 방해물들 때문에 더 이상 그들의 욕구를 충족시키지 못하고 작업을 진행하지 못한다. 교사들은 어린이 앞에 가려진 장애물을 제거하기 보다는 어린이들에게 나타나는 오류에 초점을 맞추고 수정해주려고 노력한다. 민감기에는 무엇인가 열정적으로 실행하는 어린이들의 작업과 과업을 도와주고, 안내해 주고, 지도해 줄 필요가 있다. 만약 몬테소리 교실에서 교사들이 어린이 교육을 위해서 이러한 문제점을 좀 더 깊이 생각하고 좀 더 심사숙고하게 생각하고 활용한다면 교사의 업무와 사명감이 좀 더 수월해지고 훌륭한 조력자가 될 수 있음을 발견할 수 있을 것이다. 인간에게 질서는 가장 효율적인 작업결과와 생산성을 창조할 수 있다.

8) 몬테소리 철학과 인간의 과업

우주가 형성되어 생명체들의 생존이 가능했던 시기부터 우주에 존재하는 모는 생명체들에게는 자기 위치에서 자기들만의 위대한 과업과 역할이 주어져 지금까지 열심히 수행하고 있다. 인간 각자에게 주어진 역할과 과업을 통해 엄청난 노력에 의해서 우주적 질서가 유지된다. 우주의 파노라마를 만들어 가는 것 역시 인간들의 성실한 삶의 방법과 연결되어 있다.

인간에게 주어진 순수한 과업으로 인해 수백만 년 동안 생명체를 양육할 수 있는 순수한 바닷물, 대기권이 생태학적으로 건강을 유지해 온 것이다. 우주의 질서는 주어진 사명감 내지 의무감으로서 '자연의 평형상태'를 유지하여 왔다는 점은 감히 인간의 언어로 표현할 만한 가치를 넘어섰다(Ramachandran R., vol 1, 1998). 엄청난 경이로움과 엄청난 운동 결과인 자연의 평형상태란, 수백만 년 동안 다른 생명체들과 관계성을 가지면서 협력관계를 유지했기 때문에 가능했던 것이다.

인간을 포함한 모든 생명체들은 자신을 위한 멋진 생명의 집을 회복하고 유지하기 위해 자기가 살아가는 자연 환경과 자기들이 생존하는 생태학적 사회 발전을 위해 모든 생명체들과 협력관계를 유지하면서 각자의 과업을 위해 최선을 다해서 열정과 도전 정신으로 작업해 왔다.

전 세계, 전 우주, 전 지구에서 총체적으로 서로 의지하지 않은 자연 현상은 없다. 현대 과학 발달은 인간에게 모든 가능성을 열어주었다. 몬테소리는 어린이들의 세계는 모두 과학적 세계라고 말한다. 과학적이고 매혹적인 주제들은 어린이들에게 도전과 열정 그리고 호기심과 관심을 자각시키려고 우주교육이라는 큰 영역을 어린이들에게 제공하고 있다.

몬테소리 교실에서 어린이들에게 가르치는 우주교육 이론과 실제에 관한 질문은 우주의 신비만큼 방대한 양이다. 우주교육의 한 영역인 생명체는 그 자체 신비만을 즐기기 위해 세상에 존재하는 것이 아니라 또 다른 미래의 새로운 방향을 제시해 주기 위해서 존재한다(조성자, 2011). 동물들은 자기들만의 형식, 자기들만의 자기 방어 내지 보호, 생리학적인 기능 자체를 지속적으로 유지해 왔다.

몬테소리 교실에서 교사들은 생명체들의 삶의 기능, 생명의 건강한 진화, 건강한 삶을 위한 건강한 생태학적 회복, 모든 종에 대한 일반적인 복지와 유지를 위한 성인들의 작업과 지금까지 기여한 공헌을 돌이켜 볼 필요가 있다. 생명체와 관계된 연구들은 생명체 자체만의 안정과 이익이 아닌 우주를 향한, 세계를 향한 안정과 이익에 도움을 주는 것이다.

독일의 유명한 빙엔의 힐데가르트는 우리들의 일상생활에서 6가지 황금률을 전한다(정홍규, 2004).

① 모든 창조물에는 신비한 치유력이 있다: 자연치유제.
② 식료품이 바로 치료제이며 구원의 도구다: 밥상이 곧 몸과 영의 약상이다.
③ 기도하고 일하라: 일자체가 기도가 되도록 한다.
④ 충분한 휴식과 충분한 움직임: 운동
⑤ 땀 흘리기, 사혈, 장 청소: 몸 안에 독소를 배출하기
⑥ 영혼의 치유력으로 삶의 평정을 찾고 힐테가르트식 단식으로 정화: 내적 교육, 평화, 명상 등이다.

인간을 포함한 모든 생명체들은 자신을 위한 멋지고, 튼튼하고, 아름다운 생명의 집을 유지하기 위해 자기가 살아가는 자연 환경과 자기들이 생존하기 위한 생태학적 사회 발전을 위해 모든 생명체들과 협력관계를 유지하면서 각자의 과업을 위해 최선을 다해 열정과 도전으로 일해 왔다.

몬테소리는 서양인으로 인도에 머물면서 동양 철학의 신비에 대해서 감탄하였다. 인도에 7년 머무르는 동안 우주교육에 관한 연구에 열정을 보였다. 그 당시에

이미 그녀는 서양과 동양의 만남을 단순한 것이 아니라 협력을 위한 것이라고 생각했을지도 모른다. 어린이들에게 그녀의 우주교육개념은 실제적으로 매력적인 개념으로 다가오는데, 형제관계에 있는 동물들 사이에서 동물들은 모두 함께 공존한다는 흥미로운 이야기이다. 예를 들면 호랑이와 쥐와 소들이 평화로운 자연 속에서 함께 공존하면서 즐겁게 살아가는 것처럼 보이는 현상은 어린이의 호기심과 유아기의 지적능력으로 이해할 수 있는 수준이라고 할 수 있다. 동물들의 세계에서 벌어지는 상황을 이야기 식으로 구성한다면 동물들이 공존하는 아름다운 생활을 이해할 수 있다. 청둥오리가 말하기를 "나는 물에 가봐야겠어!" 옆에 있던 강아지가 말하기를 "오리야 왜 너는 물에 가려고 하는데? 너에게 물이 그렇게 매력적일 수 있고 좋아? 난 둘레길을 사람들과 함께 뛰어가는 것이 좋은데!" 오리 왈 "난 뛸 수 없거든!" 바로 개울가 풀밭에서 평화롭게 풀을 뜯어 먹던 염소가 말하였다. "난 너희들 이야기를 이해할 수 없어, 난 여기가 제일 좋아 풀도 많고. 나의 행복은 들판에 앉아서 신선한 풀을 먹는 거야." 이렇듯 모든 생명체들은 우주에서 자기 위치가 있고 자기 역할이 있다는 것을 알고 있거나 혹은 자기 본능을 이미 환경에 적응시켜 행복하고 편리하게 살아가도록 진화했을 것이다.

둘레 길을 좋아하는 강아지, 물에서 자유형 수영을 즐기는 청둥오리, 들판에서 평화로움을 즐기는 염소. 각자는 서로 다른 생활양식을 가지고 살아가지만 자기가 필요한 것을 활용하면서 다른 동물에게 피해를 주지 않고 살아간다. 동물 각자는 특별한 자기만의 네불라, 본능적인 기능들을 선호하고, 발전시켜 환경에 적응한다 (Lilliard A.S., 2005). 하나는 땅 위로 가고, 다른 하나는 물 속으로, 또 다른 하나는 평원에서 자기 삶을 위한 가장 아름다운 친 자연소재의 둥지를 건축하여 살아간다.

이들 동물들에게 추론이나, 논리, 감정 혹은 감정보다 우위에 있는 드러나지 않는 위대한 힘이 존재한다. 서로 다른 생명체들의 존재는 신비의 힘을 필요로 하는 곳에서 특별한 임무를 수행한다. 동물들이지만 사람들에게 정답고, 자연과 조화를 이루면서 어린이들에 기쁨을 줄 수도 있는 공존의 매력을 지닌 것이다. 우주는 한 생명체만이 아니라 다양한 생명체가 공존하는 어머니의 땅, 모지의 땅인 것이다(조성자, 2010). 동물들은 자기들이 자연의 질서를 유지한다는 것을 인식하지 못하지만 인간이 자기 환경에서 살아가는 자체만으로 자기 의무와 사명감을 완성해 가야 한다. 인간들과 조화롭게 살아가는 반려동물로서 즐거움과 때론 신기함도 제공해 준다.

지금도 자연은 그 자체로서 꾸준히 균형과 질서 그리고 조화를 유지하는 수많은 다른 피조물들로 구성되어 있는 신비로움으로 가득 차 있다. 그럼에도 인간들은 자연과 더불어 진화하고 있는가? 라는 질문을 던진다. 인간은 진화라는 단어가 과거시대의 지속된 변형만이 아니라는 것을 분명하게 생각해야 하며 삶의 진화뿐만 아니라 전체적이고, 통합적인 진화를 의미한다는 것을 알아야 한다(Michael and D'Neil Duffy, 2002).

자연은 최선을 다해 평형상태를 유지시키려고 인간과 함께 무던히 노력한다. 특히 우주학문을 연구하는 사람들은 과학의 발달과 더불어 인간이 남용하여 생태계의 균형이 급속하게 붕괴될 것에 대한 우려는 물론 경고장을 내밀면서 인간의 우주에 대한 배려와 관심을 촉구하고 있다(Swimme B.T & Tucker M.E, 2011). 인간에게 주어진 21세기의 가장 큰 과업이라 할 수 있을 것이다. 위대한 진화를 방해하는 장애물들을 서둘러 거두어 들여야 한다.

우주 치유의 경고장 자체로 인간은 우주를 자애로운 어머니 품처럼 껴안아야 한다. 어린이들과 함께 정상적으로 진화하도록 도와주어야 한다. 대단하고 놀라운 변형은 지금까지 보아왔던 에너지와는 완전히 다른 에너지를 개발하여야 하는 사명도 인지하여야 한다. 인간은 이 새로운 에너지를 개발하여 우주 생태계의 보호와 연관을 시켜야 한다. 예를 들면 땅에서 방사선을 제거하는 해바라기 유체를 심어 식용유로, 대체 에너지로 변환하는 연구를 확산하는 것이다. 어린이들이 생활하는 주변 환경에 남아있는 땅에 해바라기를 심는 운동은 우주생태운동의 작은 부분이라 할 수 있다.

동물들도 자기 나름대로 지적인 행동을 한다 할지라도 그 자체가 지적인 것은 아니기 때문에 인간의 지능으로 지적인 추론, 계획, 새로운 에너지 개발을 시작하여 고갈된 에너지를 보충하여야만이 지구에 평형이 유지될 수 있을 것이다. 저자는어린이들과 해바라기 심기 운동을 벌이고 싶은 생각이 든다. 인간은 일할 수 있는 손과 지능을 부여받았기 때문에 손을 창조 도구 삼아 자기 앞에 생존하는 다양한 생명체들을 변화시킬 수 있는 능력을 가지고 있다.

인간은 분명 먹고 즐기는 향락을 위해서 우주에 존재하는 것은 아니지만 자기 자신의 생활을 풍요롭게 하며 자기 종족의 새 생명을 출산하여 자기 자신과 가족을 위한 최적의 삶의 조건을 형성해 주기를 원한다. 모든 생명체들은 각 개인과 종족의 보존을 위한 추진력을 가지고 있다. 배고픔, 사랑, 행복, 나눔 등과 같은 정신적 힘들은 먹기 위해 생존하기보다는 삶의 의미를 찾기 위한 요소들이다.

교사들은 어린이들에게 최적의 삶을 살아갈 수 있는 조건을 제공해주어야 한다. 이것이 교사들이 이러한 목적을 달성하기 위해서 인간을 노동하는 인간으로 간주하고 만들어가는 이유이다. 인간의 적응력은 정말 놀랍다. 하지만 적응력을 키우기 위해서 얼마나 다양한 측면에서 최대의 노력을 하고 준비하는가? 인간은 지적동물이며, 감각적으로 민감하며 위험을 예측하는 동물이다. 인간의 적응력이 발달한 이유는 아마도 다른 피조물보다 더 많은 절정 경험을 하기 때문일 것이다. 지적인 인간은 자신들의 진정한 과업이 무엇인가를 깨달을 수 있다. 인간은 항상 물질적 요소와 정신적 요소 사이에 갈등을 느낀다. 두 가지 갈등 중 유아기부터 교육을 통해서 무엇이 인간에게 더 가치를 부여하는가를 판단하여 교육한다면 성장 후에 갈등의 양이 줄어들지 않겠는가?

몬테소리 우주교육의 핵심요소는 3가지 질문이다.

나는 누구인가?, 나는 어디에서 왔는가?, 나는 왜 여기에 있는가? 이 3가지 질문의 답은 간단하지만 실천이라는 위대한 과업이 부여되기 때문에 평생 동안 우주교육의 민감기를 가지고 가야 한다. 나는 누구인가는 나의 정체성과 관계되고, 나는 어디에서 왔는가는 인간과 우주의 역사와 관계되고, 나는 왜 지금 여기에 있는가는 우주에서의 나의 사명감과 역할에 관한 답을 주고 실천하여야 한다(조성자,

2010).

인간이 세상에서 완성하여야 하는 과업은 위대하고, 가치 있고, 중요한 일들이다. 인간은 종종 자기의 가치를 무능한 존재로 평가절하 하지만 다른 하등 동물처럼 종족보존과 개인의 보존 본능만을 소유한 것이 아니라 배움에 영성으로 끊임없이 학습해야 할 정신적, 지적 본능을 가지고 있다. 더 중요한 것은 인간 내면에 깊숙이 자리 잡고 있는 것은 타 존재들과의 관계형성이다(매튜 폭스. 송영만 옮김, 2008). 인간은 한 개인으로서만이 아니라 일류 공동체의 구성원으로 세상과 통교하면서 살아가는 문화 공동체의 삶을 원한다.

어린이들은 움직임에 충동을 가지고 있다면 성인들은 움직일 수 있는 땅을 소유하려는 충동을 가진다. 인간은 지극히 욕심쟁이 같지만 지구의 건강한 순환을 위해서 동·식물들과 함께 소유 욕구를 나누어 공유한다. 어렵게 사들인 땅에 나무를 심고, 동물을 사육한다. 동·식물들도 인간의 개인 면적을 침범한 것이다. 하지만 모든 생명체들은 공존할 때 조화로움을 이룬다. 식물과 동물들은 자신의 능력으로 어딘지 부족한 조화를 이룬다. 인간이 없이는 어림도 없다. 인간에 의하여 지구촌에 동물과 식물이 건강하게 확산하고, 인간이 새로운 땅으로 이동할 때에 동·식물을 운반하며 지구촌을 가장 완전하고 조화롭게 만드는 데 기여하기 때문에 이런 관점에서 볼 때 인간은 지구를 지배한다고 말할 수 있을 것이다.

몬테소리는 인간 욕구를 물질적인 욕구와 정신적 욕구로 구분한다. 인간은 땅에 있는 모든 것을 이용하려는 물질적 절대 욕구를 소유했다. 심지어 땅굴까지 파서 활용하고 지구생태계는 물론 토질까지도 변형시켜 어린이들의 먹거리까지 위협한다. 인간이 침투한 지구에서 보이는 것, 속속들이 감추어져 심지어 보이지도 않는 것들까지 인간이 이용하거나 점유하는 것을 보고도 우리들은 인간이 자연에서 가장 탁월하고, 지적이고, 위대한 존재라고 말할 수 있을까? 몬테소리 교실에서 어린이들에게 역사나 지리를 학습할 때 이러한 문제를 지속적으로 분석하고 있다. 예를 들면 동·식물과 인간의 상호관계, 식물이 인간과 공존할 때 일어나는 화학적 물리적 현상, 각 나라에서 생존하는 동·식물의 종류, 생명체의 진화 등을 가르친다.

인간은 지구 전체를 변화시키는 활력원이다(Ramachandran R., vol 1, 1998).

인간은 종교라는 테두리 속에 신비스러운 지도자를 내세워 종교를 통해서 인간의 나약성을 충족시켜 정신적 안정감과 편안함을 보완한다. 사람들은 종교를 통해서 영적인 삶을 기대한다. 교사들이 영적인 에너지를 갖고 어린이들과 생활할 때, 영적으로 진화할 수 있으며, 자기 자신을 변화시킬 수 있을 것이다(Lilliard A.S., 2005).

식물과 동물들에 의해 행해지는 일은 자연적 현상이지만 인간에 의해 행해지는 일은 인위적인 일이다. 이러한 측면에서 문명은 인간이 과학의 힘을 빌려 인위적으로 만든 창작품이라고 말할 수가 있으며, 문명은 인간을 점점 자연을 외면하게 만들어 버리지만 인간은 자연으로 되돌려 보내야 할 의무를 가진다.

동물만 있으면 자연은 아름답게 진화할 것이지만 인간의 출현과 동시에 자연은 자기 본질을 파괴하였고 더 이상 경이롭고, 신기하고 아름다운 것을 유지하지 못했다. 동시에 인간은 자연으로 돌아갈 수가 없으며, 인간은 자연적인 삶의 범주 안에서 삶을 살도록 허락하지 않는다. 혹 생태 종말론자들의 말이 사실이라 할 수 있을까? 인간은 자연 위에 군림하는 강한 힘을 가지고 있다. 인간은 자연을 지배하고, 자연을 변화시켜 마음대로 활용한다. 자연과 자연적 에너지에 있는 지구 안팎의 모든 것을 마음대로 남용한다. 몬테소리는 종종 이러한 현상을 초자연의 상태(Supra nature)라고 부르고, 자연보다 우위에 있는 창조적 존재라고 말한다. 인간은 창조의 사다리를 타고 새로운 단계에 넘어선다(Ramachandran R., vol 1, 1998). 그리하여 신선한 우주 땅을 병들도록 파괴한다.

사람들이 문명이라 부르는 것은 지구 전체를 장악하려는 인간의 노력과 인간에 의해 만들어진 건축물로 인류를 발전시키는 세대 간의 작업에 의한 것이다. 자연으로부터 자기 자신을 발전시키고, 자연으로부터 멀어진다. 하지만 초자연(Supra nature)은 자연을 능가한다. 인간은 자연과 지속적으로 접촉하고 관계를 맺으며, 이러한 접촉과 관계는 자연 안에서 모든 것을 마음대로 활용하는 자연의 지배자가 되도록 한다. 초자연(Supra nature)은 자연 위에서 자라며, 모든 것을 이용하고 땅과 공기 중의 에너지를 이용한다(Ramachandran R., vol 1, 1998). 그러므로 문명화된 환경은 자연의 또 다른 형태인 것이다. 인간은 불굴의 의지로 자기 자신뿐만 아니라 우주 전체와 다른 타-존재를 위해서도 위대한 작업을 지속한다.

인간을 살아가도록 만드는 것은 자연이 아니라 초자연이다. 반대로 생각한다면 우리들은 지금 소유하고 있는 많은 것들을 위해 절대적으로 필요한 다른 사람들에게 신세를 지고 있다. 우리들은 우리에게 주어진 모든 것에 감사하여야 한다. 인간은 다른 사람들에게 스스로 감사해야 한다. 종교적인 측면에서 자연이 신에게 의지한다면 인간도 신에게 의지하는 것이다(M.스캇 펙 지음, 김민예숙, 김혜자 옮김, 2008). 내 안에 우주 하느님을 모시고 섬겨야 한다. 인간이 소유한 모든 창조물들은 스스로가 원한다 할지라도 우리가 감사할 수도 없는 다른 사람이 인간을 위해 창조한 것이다(Thomas Berry 저, 이영숙 옮김, 2000).

인간들이 일상적으로 소유하고 사용하고 있는 모든 물건들은 우리들이 알지 못하는 수많은 사람들의 노고와 노력을 통해 다시 알지도 못하는 우리들에게 전달된 것이다. 지금 이 순간에도 사람들은 다른 사람들을 위해서 열심히 작업하고 있다. 우리의 의식을 일깨우고 다른 사람들이 살아갈 수 있는 발판을 만들어주었기 때문에 우리가 살아가고 있다는 것을 깨달아야 한다. 어린이들은 우주적 과업과 우주에서 자기가 책임감을 가지고 지켜야 할 자기 위치와 이유를 분명히 이해해야 한다. 어린이들이 이러한 개념을 정확하게 이해할 때 인간 역사와 협력 관계를 통해서 협력적, 총체적, 통합적 관계의 삶을 살아가게 될 것이다.

매튜 폭스는(Matthew Fox지음, 송형만 옮김, 2002) "지구의 어머니인 지구가 죽어간다."라고 애통해 한다. 그는 지구는 모든 자연과 모든 인간의 어머니이고 동시에 만물의 씨앗을 품고 있는 만물의 어머니라고 말하는 빙겐의 힐데가르드의 말을 인용하고 있다.

2 몬테소리의 교사론에 대한 전망

저자가 다른 저서에서 몬테소리 교사론을 언급하면서 수차례 이야기할 기회를 가진 경험이 있다. 교사란 가르치는 사람으로서 도덕적, 실천적, 지식적 측면을 포함하여야 하는 멀티 휴먼이다. 몬테소리교육의 성공적 결과에는 항상 교사가 중심 역할을 해주고 있다. 훌륭한 교사, 관찰하는 교사, 안내하는 교사, 탐색하는 교사 등등이 대표적인 몬테소리 교사상이다. 몬테소리 자신도 자기 교육프로그램의 성공을 교사에게 넘겨주었다. 그녀 자신이 교육개혁을 한 다음 우선적으로 한 일이 교사양성을 위한 특별 프로그램이었다. 몬테소리가 이탈리아에서 처음으로 실시한 교사양성 프로그램이 AMI이고 미국은 AMS 미국협회를 창립하여 오늘에 이르고 있다.

2장에서는 몬테소리 교사로서 자질을 갖추는 데 필요한 요소들을 다시 한 번 재조명해보려고 한다.

1) 몬테소리교사로서 가져야 할 지식기반

우리들이 흔히 말하는 지식이란 무엇인가? 관찰자들은 지식이란 우리들이 보는 것 안에 모두 내재해 있다고 말한다. 지식은 경험, 사고과정, 탐색활동을 통해서 얻어지는 결과이다. 사람들은 지금도 자신이 필요한 지식을 형성하고, 구성해 가는 과정에서 인내, 숙달, 열정, 도전, 노력을 하고 있다. 사람들은 자기가 원하는 목적을 달성하거나 필요한 지식을 획득하기 위해서 시간, 노력, 열정 혹은 성실함을 투자하여 자기 지식을 만들어가는 지식 생산자들이다. 몬테소리 교사는 가르쳐야 하는 사람이고, 가르치는 대상에게 필요한 환경을 구성해 주어야 하는 환경 구성자이기 때문에 자기가 가지고 있는 지식의 틀은 무엇인가 생각할 필요가 있다. 우리들이 일반적으로 말하는 지식이란 사물과 생각을 표상하는 개념 또는 명제를 의미하고, 삐아제는 쉐마라는 용어로 표현한다(박덕규 편제, 1992).

지식을 얻기 위한 학습 가능한 요소들은 무엇이 있을까? 베른은 4가지 요소를 제시한다. 기술, 개념, 암기학습, 마음의 습관이다(Barrom M., 1985).

기술은 혹독한 연습과 훈련을 통해서 습득되어진다. 그러므로 기술은 장인을 요구하고 장인은 하루아침에 이루어지는 것이 아니라 숙달이라는 인내와 고통을 동반한다. 기술은 중요한 무엇인가를 좀 더 잘하거나 아니면 나만이 잘하고 싶다는 욕망이고 욕구이다. 그래서 나만 가지고 있는 기술 즉 경제학에서 말하는 블루오션이다. 기술은 훈련과 연습을 통해서 학습되고 발전한다. 특정한 능력을, 특별히 가르칠 수 있고, 연습과 훈련을 통해 발전하도록 돕는다.

개념은 가르칠 수 있는 것이 아니라 경험에 의해서 습득되어진다. 개념에 익숙하지 않은 어린이들은 자기 환경에서 흡수한 경험들을 오랜 기간 동안 반복하면서 어떤 개념을 이해하게 된다. 그래서 타고난 것이 아니라 자신의 노력에 의해서 성취해야 하는 미션이 부여된다. 개념은 경험, 환경, 자기가 원하는 맥락에서 나타나는 특성이다. 개념은 가르칠 수 없다.

암기학습은 단기기억과 장기기억으로 구분되어 기억에 의존한다. 어린이들은 무엇인가 알기 위해서 감각기관을 활용하여 실제를 기억하도록 반복적 활동을 중요시한다. 반복된 학습들은 기억 저장소에 보관된다.

마음의 습관인 태도는 개발되고 발전할 수 있다. 훌륭한 습관은 훌륭한 태도를 만들어 간다. 어린이들의 태도는 매우 빠르게 변한다. 어린이들은 태도 변화를 위해서 정확한 모델과 규칙을 원한다. 어린이들은 이러한 4가지 요소들을 통해서 지식을 만들어가도록 지지를 받는다.

위 지식에 대한 이론을 근거로 몬테소리는 어린이들의 인지발달은 무엇보다도 경험, 사물, 선험적 요소들이 중요한 역할을 한다는 전통학파인 그리스 철학을 지지한다.

지식을 형성하는 데 우선적으로 몬테소리는 교구라고 말하지만 재료 혹은, **사물**(Hyle)이 있어야 하고, 사물과 더불어 반복적으로 훈련하고, **경험**하는 것이 중요하고, 마지막으로 작은 부분이라도 종의 특성으로 인간만이 소유한 **네불라**(Nebula)가 필요하다. 이러한 세 가지 요소들과 자유 선택과 자유로운 활동 그리고 환경과 상호작용하면서 인지가 발달하고 지식이 형성된다는 것이다(조성자, 2006). 아무리 훌륭한 유전 인자를 가지고 있다 할지라도 어린이 자신의 활동이 선행되지 않는다면 발달이 최대한 늦어질 것이다.

어린이들이 지식을 습득하는 과정은 각자 다르다고 할지라도 분명한 것은 아직 많은 지식이 기록되지 않은 깨끗한 백지의 뇌에 지식과 정보를 저장하여 자기들이 필요할 때 언제든지 꺼내어 활용할 수 있는 기억 저장소가 우리 몸에 있다는 것이다. 몬테소리 교육에서 사물과 재료는 교구이고, 경험은 준비된 환경 속에서 반복적으로 훈련하고 연습하는 것을 의미하고, 네불라는 인간만이 가지고 있는 특성 내지 유전적 요소들로서 활동과 환경을 필요로 하는 것이다. 그러나 지식을 내 것으로 만드는 과정은 간단하지 않다(조성자, 2012). 지식체계에서도 어린이들의 인지발달의 가장 첫 단계에서 필요한 것은 소근육 운동과 대근육 운동이 중요한 역할을 하는 것이다.

왜 몬테소리 교육에서 소근육 운동을 중요시하는가?

왜 몬테소리 교육에서 대근육 운동을 중요시하는가?

왜 몬테소리 교실에서 선위에 걷기 운동을 훈련하는가?

이러한 질문의 답은 손의 정교한 움직임, 몸의 균형, 공간 개념과 시간 개념을 통해서 균형적인 인지발달을 돕기 위한 훈련이라는 것이다. 몬테소리 교실에서 실시하는 모든 교구들은 짝짓기, 순서 짓기, 분류하기의 기본 개념을 포함하고 있는데 이러한 훈련을 통해 인지발달을 체계적으로 발달시킨다(조성자, 2006).

반면 다른 학자들은 지식 특성에 따라서 지식을 분류하는 체계를 제시한다. 영국 철학자 릴레(Ryle)는 지식을 다음과 같이 분류한다(박은혜, 2002).

학자	지식분류체계
황규호(1998)	경험을 통한 지식: 학습자의 지식은 필수적인 경험에 의존함
	사고능력을 통한 지식: 무엇인가 할 수 있는 능력을 가중함
	인지구조로서 지식: 개념과 명제가 연결되어 총체적구조를 이루는 지식 브루너와 삐아제:
	통합적 육체 반응: 학습자의 체험적 요소: 인지적, 감각적, 신체적, 정신적 경험이 중요함 판단양식으로서 지식: 학습자의 특정 행위에 따른 판단기준
롤리(Ryle, 1994)	명제적 지식: 수집, 분류, 추상적 원리의 정의가 가능함
	절차적 지식: 수집, 정리, 평가, 통합, 분석을 다루는 능력
허경철 외(2000)	개인적 차원: 의식지, 무의식지, 잠재지
	사회적 차원

위에서 언급한 황규호의 지식분류체계는 몬테소리 이론과 유사함을 보여준다. 그가 말한 사람들이 습득한 지식에서 가장 가치 있고 이상적인 앎의 5가지 상태를 보면 알 수 있다.

몬테소리가 말하는 경험이란 훈련과 연습을 통해서 얻어지는 지식들이고, 그 중에 장기기억은 절정 경험에 의해서 이루어진다는 것이다. 어린이들에게 감각기관의 직접적인 경험은 인지발달의 필수조건이다. 경험적 지식은 경험을 경험한 어린이들만이 습득할 수 있는 지식들이다. 사고 능력을 통한 지식은 지식을 형성하는 과정, 자기 자신의 잠재능력을 밖으로 드러내어 무엇인가 독립적으로 할 수 있는 능력을 의미한다. 독립적이고 자율적인 능력을 의미한다.

2) 몬테소리교실에서 자율성, 독립성, 관계성을 어떻게 이해할까?

몬테소리 어린이들에게 자율성, 독립성, 관계성을 어떻게 이끌어 낼 수 있을까? 이 3가지 요소들은 몬테소리 교실에서 가장 중요한 역할을 하고 있으며, 어린이들의 작업과 어떤 관계를 가지고 있는지 교사들이 인지해야 한다. 3가지 요소가 몬테소리교실의 매력이고 차별성이다. 우선 몬테소리 교실에서 어린이들의 '나 스스로 할 수 있도록 도와주세요.'라는 외침은 자율성, 독립성, 관계성과 연관되어있다(조성자, 1996). 몬테소리 교실에서 어린이들에게 작업을 위해 자유선택의 기회를 허락하는 이유는 그들의 자기 주도적, 자율적 작업 태도를 촉진하기 위한 것이다.

심리학적 측면에서 자율성은 기본적인 욕구라고 할 수 있다. 어린이들은 이러한 기본적인 욕구가 충족되면 기쁨과 즐거움으로 생산적으로 작업 효과를 성취할 뿐만 아니라 스스로 몰입 경지에 이르러 행복해진다. 자율성은 어린이들이 원하는 것을 자유롭게 선택할 수 있는 동시에 선택한 것을 행동으로 옮기어 작업 결과와 연결된다(조성자, 2013). 몬테소리교실에서 어린이들에게 자율성을 강조하는 이유는 자율성 자체가 그들의 작업 성취와 작업태도에 다양한 측면으로 영향력을 미치기 때문이다.

몬테소리 교실에서 작업의 자유선택을 위한 자율적인 동기는 그대로 내재적 동기부여로 이어져 작업에 대한 지속적인 집중력, 작업을 즐기는 태도, 작업효과를 증진시키는 태도, 자아 만족감, 새로운 작업에 대한 재창조적인 작업 등을 이끌어낸다.

중요한 것은 교사가 어린이들에게 자율적으로 행동할 수 있는 조건을 얼마나 제공해 줄 수 있을까? 하는 것이다(조성자, 2013).

- 교사들은 어린이들이 선택한 작업을 지지해 주어야 한다.
- 어린이들이 알고 있는 정보를 다른 친구들과 공유하도록 허락하여야 한다.
- 교사는 어린이들을 모든 경험에 노출시켜야 한다.
- 교사는 어린이들에게 정확하게 모범과 시범을 보여주어야 한다.
- 교사가 어린이들의 환경을 어떤/무엇을 목적으로 구성하였는지에 따라서 사회적 지지를 받을 수 있다. 사회적 지지는 어린이들에게 자신감을 촉진한다.
- 교사는 어린이들의 자율성이 모든 동기부여와 연결되어 인지영역, 사회적 영역, 심리적 영역을 확장할 수 있도록 도와주어야 한다.
- 어린이들의 자율적 활동은 자유의지와 자유선택을 최대한으로 행할 수 있는 기회를 제공하기 때문에 그들에게 긍정적인 인성으로 성장하도록 돕는다.
- 교사는 어린이들에게 작업에 책임감과 권한을 부여하여 스스로 자율적 활동을 이끌어 가도록 지지하여야 한다.
- 교사가 어린이들의 작업 자율성을 부여한다면 창의성을 발휘할 수 있는 기회를 주는 것이다. 어린이들이 창의적 활동을 다양하게 경험한다면 자기 환경을 자유롭게 활용할 수 있는 능력을 만들어 갈 수 있을 것이다.
- 교사는 어린이들이 무엇/어떤 작업을 할 것인가는 어린이 스스로 선택하고 결정할 수 있는 의사결정의 기회를 제공하여야 한다.

몬테소리 교실에서 어린이들의 자율적 행동은 몬테소리 교육목적을 성취하는데 필요조건이고 어린이들을 자율적 인간으로 성장하도록 촉진하는 요소이다.

어린이들은 가장 일반적이고 지루한 부분까지도 즐길 수 있는 작업을 선택하도록 노력할 때 언제든지 즐겁고, 기쁘고, 행복한 일과를 보낼 수 있다. 몬테소리교실에서 그녀의 교육철학에서 머릿돌 역할을 하는 모든 생명체와 무생명체의 전-관계성, 자율성과 독립심은 어린이들 활동에서 핵심적인 요소이다. 우리들이 자율성과 독립심의 개념을 동일한 개념으로 이해하는 것이 일반적인 견해이다. 저자도 몬테소리 철학을 연구하면서 2가지 용어를 혼란스럽게 정의하였고 활용하였다.

3) 몬테소리교실에서 진실한 교사상

몬테소리는 교사 자신도 어린이들에게 자기들의 사랑하고 좋아하는 교구처럼 관심과 흥미에 대한 동기부여를 받을 수 있고 줄 수 있어야 한다고 분명히 언급한다(조성자, 1994). 몬테소리는 교사들에게 활동에 편리하면서도 실용적인 예쁜 옷을 입음으로써 외형적으로 어린이들에게 호감을 줄 수 있도록 노력할 것과 언어표현을 할 때에는 부드러운 목소리로 정확하게 표현할 것을 권고한다. 몬테소리가 원하는 교사상을 살펴보면 다음과 같다.

- 매력적인 교사
- 정확한 교사
- 어린이들에게 호감을 줄 수 있고 좋아하도록 만들 수 있는 교사
- 항상 정돈되고 깔끔해야 할 뿐만 아니라 어린이들에게 온화하고 위엄 있는 모습을 보여줄 수 있는 교사

이러한 특성을 가진 교사는 어린이들에게 특별히 좋아하는 교사의 가장 이상적인 모델이 될 것이다. 교사는 교수학습방법을 연구하여 어린이들을 존중하고 그들과 함께 몸과 마음을 하고 있다는 것을 자연스럽게 보여줄 수 있어야 한다.

몬테소리는 교사의 교수방법에 의해서 교사가 어린이들의 작업에 대해 느끼는 흥미를 더욱 향상시킬 수 있고, 교실에서 작업하는 방법을 통해 어린이들의 흥미를 자극하는 것 이외에도 어린이들의 발달 단계에 맞는 수업을 진행할 수 있고 어린이들의 흥미에 영향을 미치게 된다고 보았다. 몬테소리는 어린이들이 작업과 학습에 대한 흥미가 절정에 도달하도록 하기 위해서 수업은 어린이들의 가장 적절한 발달시기에 이루어져야 한다고 주장한다(Helfrich M.S., 2011).

예를 들어, 만약 교사의 수업이 어린이들의 발단 단계를 고려하지 않고 너무 일

찍 또는 너무 늦게 이루어진다면 그들은 수업이 지나치게 어렵다고 느낄 것이고, 수업이 발달시기보다 너무 늦게 이루어진다면 수업을 지루하게 느낄 것이다. 두 가지 측면 모두 어린이가 수업에 흥미를 느끼지 못할 것은 분명하다. 교사의 교수 방법을 위해서 항상 어린이들을 가까이서 자세히 관찰할 의무가 있다.

발달 시기에 따라서 모든 어린이들에게 적절한 때에 적절한 재료를 제공하여야 하는 이유는 어린이들이 수업에 지속적으로 흥미를 느끼도록 도와야 하기 때문이다. 교사들은 어린이가 교구와 환경에 흥미를 느끼는지 아닌지, 어린이가 흥미나 관심을 어떻게 표현했는지, 얼마나 오래 어린이가 관심을 지속하는지 등을 계속 관찰을 통해 확인해야 한다.

중요한 것은 교사는 어린이 자신이 선택했고 제공받은 활동 어떤 것에 대해서도 어린이가 흥미를 느끼도록 강요해서는 안 된다는 것이다. 만약 교사가 어린이들의 태도를 보고 수업활동 선택에 실패했다는 느낌을 받는다면 교사는 모든 교구와 환경을 새롭게 디자인하고 다음 활동을 촉진해 주어야 한다(Helfrich M.S., 2011). 이러한 혼란과 오류를 범하지 않도록 하기 위해서 몬테소리교실에 있는 많은 교구들의 작업 순서가 정해져 있다. 작업 순서는 몬테소리 자신이 직접 모든 교구를 실험해보고 어린이들에게 실제로 적용하여 효율적 결과를 고려하고 확인한 후에 제작한 것이다. 몬테소리 교사들은 어린이들의 작업과정을 관심있게 관찰할 뿐만 아니라 그들에게서 최대한 관심을 집중할 수 있는 절정시기를 이끌어 내기 위해서 모든 수업이 발달의 단계와 일치하는 시기를 탐색하여야 한다.

작업의 성공 여부가 발달시기에 적절한 교구를 제공했느냐에 따라서 달라진다. 반대로 일반 비 몬테소리교실의 교사들이 매년 초에 설정된 계획서를 가지고 수업을 진행 것과 차이점이 있다. 몬테소리 교실의 특성과 다른 교실의 차이점이다.

예를 들면 어린이들은 대부분 어른들의 대화 속에서 듣는 이해할 수 없는 단어에 대해도 집중하고 많은 흥미를 보이는 현상을 인지한 경험이 있을 것이다. 어린이들은 의미도 모르는 단어를 가지고 문장과 상관없이 기쁘게 단어를 반복적으로 사용하려 한다. 우리에게 명백하게 보이는 이러한 어린이의 반응은 일반적이고 당연한 것이므로 교사들은 어린이에게 다양하고 풍부하게 재료와 활동들을 제공해 줌으로써 이러한 성향을 극대화시켜야 한다.

이미 알고 있듯이 몬테소리교실에서 사용되는 재료들은 매우 풍부할 뿐만 아니라, 엄격한 실험을 통해 세부적인 부분까지도 어린이들을 고려해서 제작되었다. 교구 선택은 어린이들에 따라서 다르지만 자기들의 개인적인 차이에 의해서 교육을 발전적으로 확장시키기 시작한다. 같은 작업 활동이라 할지라도 어린이들에 따라서 활동의 난이도가 다를 수 있다. 교사는 교실에서 사용되는 교구 교재에 대해 정확하게 인지할 의무가 있으며, 어린이에게 어떤 교구교재가 어떤 시기에 사용하는 것이 가장 흥미롭고, 효과적이고, 즐거운 순간인지 인지할 수 있어야 한다.

교사들은 사전지식을 근거로 흥미를 유발하여 교육과정의 관련성을 연결하여야 한다. 교사는 매력적인 수업, 재료, 환경, 그리고 교사를 통해 주제 흥미를 자극하는 것 이외에도 몬테소리 교육은 사전 지식을 이용하여 흥미를 유발하도록 하고 있다. 흥미를 위한 사전지식의 중요성을 설명하는 것이 중요하다(Lilliard A.S., 2005).

이미 가지고 있는 지식을 통해 흥미를 다시 부활시키는 것은 매우 중요하다. 모든 새로운 지식을 이미 가지고 있는 지식과 연결하는 것은 중요하다. 무엇인가에 적당한 수준의 지식은 흥미를 느낄 때 도움을 준다. 학습에서 흥미 유발을 고려했을 때, 사전지식을 활용하는 것은 배움에 확실히 영향을 끼친다.

예를 들어 활성화된 사전 지식 구조는 새로운 지식을 저장하고 다시 끄집어내는데 도움을 준다. 만약 어린이들이 주제에 대한 사전 지식 없이 무슨 내용인지 애매모호한 문장을 읽게 되면 똑같은 문단을 읽어도 주제에 대해 사전 지식을 가지고 있는 어린이만큼 그 내용을 상세하게 기억하지 못한다(Bransford J.D., & Jhonson M.K., 1972). 주제에 대한 사전 지식을 가지고 있던 어린이들은 아마 그들이 읽었던 내용에 대해 그렇지 않은 어린이들보다 흥미를 더 많이 느꼈을 것이다. 학습 원문 자료를 접할 때 본문 내용에 대한 어느 정도의 사전 지식을 가지고 있는 어린이들은 새로 들어오는 정보를 쉽게 받아들이게 된다.

결과적으로 사전 지식을 가진 어린이들은 그렇지 않은 어린이들보다 보다 빠르게 정보를 습득하게 된다. 주제에 관하여 지식을 가진다는 것은 학습을 자극하고 부분적으로 사전지식이 흥미를 자극하기 때문이다. 예를 들어 어린이들이 중국어를 듣게 된다면 중국에 대한 관심으로 이어질 수 있으며, 만약 중국어가 아닌 남미에서 사용하는 스페인어에 관한 인문 교양을 들었으면 남미에 대해 쉽게 흥미를 가지게 될 것이다.

교사들이 어린이들에게 지속적으로 정보를 제공한다면 또 다른 새로운 정보를 만들어 가는 데 도움이 될 것이다.

4) 몬테소리 교사로서 전문지식과 통합적 균형

몬테소리교실에서 통합은 모든 분야에 숙달된 교사와 어느 한 분야의 전문가인 교사 중 어떤 전문가가 어린이들의 교육을 위해 훌륭한 역할을 하는지 고려해볼 만한 흥미로운 주제이다. 현재 진행되고 있는 몬테소리 교육체계에서 어린이들이 주로 접했던 것은 어느 한 분야에 많은 지식을 가진 전문 교사로서 다양한 학문을 서로 통합하여 제공하는 방법이다(Bransford J.D. 외, 1999).

몬테소리는 교실에서 한 사람 이상의 교사가 어린이들을 가르치는 것은 올바르지 않다고 생각했다. 한 명의 교사가 모든 과목에서 전문가가 될 수는 없다. 몬테소리 교사의 주된 과업은 어린이들을 환경과 연결시켜주어 상호작용하도록 돕는 것이다.

교사의 중요한 사명감은 어린이들에게 교구의 사용방법과 환경구성을 정확하게 설명해주는 것이다. 교사는 교구와 환경을 어린이들과 연결해주는 주된 연결고리의 역할을 한다(조성자, 1997). 교사는 어린이들을 환경과 연결하는 고리 역할을 하여야 하기 때문에 몬테소리 교실에서 사용되는 모든 교수매체에 대해 자세하고 정확하게 이해하고 있어야 한다.

훌륭한 몬테소리 교사로 거듭나기 위한 엄격한 교육이 필요한 이유 중 하나이다.

결과적으로 교육과정의 한 영역에 대해 아주 뛰어난 전문가가 되는 것보다 모든 영역을 두루 알고 있는 것이 훌륭한 몬테소리 교사라고 말한다. 모든 지식을 통합하여 가르치는 방법을 넓게 바라보도록 하여야 한다.

다양한 전문지식을 가진 교사는 다양한 방법으로 가르칠 수 있는 능력을 가지게 된다. 몬테소리의 5개 영역에서 전문가와 초보자의 가장 큰 차이는 어떠한 방식으로 지식이 구성되어 있는지에 따라서 차별화 된다. 예를 들어 감각영역에 대한 질문을 받았을 때, 경험이 많은 전문가는 첫 번째로 전반적인 감각영역에 이론을 도출한 후, 해당 이론을 어린이들에게 왜 그리고 어떻게 적용할 것인가를 고려할 것이다.

반대로 경험이 없는 교사는 이러한 이론적 도출 없이 바로 방법을 도출해 내고 이를 어떻게 사용할지 망설이는 단계로 넘어갈 것이다. 경험이 부족한 교사는 지식을 서로 융합하고 전체적으로 보지 않은 채로 단순히 나열하는 상태가 될 것이다.

전문가의 지식은 특정 영역에서 사고를 이끌어내는 주요 핵심 개념을 중심으로 다른 지식들이 논리적으로 정렬화 할 것이다(Cosimo G., 1993). 몬테소리교실에서는 다양한 지식을 가진 전문 교사를 원한다. 앎이 부족한 몬테소리 교사들은 교육과정을 설계하는 과정에서의 다양한 지식을 전제로 교육과정을 이끌어 갈 수 있는 능력이 있어야 한다.

몬테소리 전문교사들은 어린이들이 가지고 있는 통합된 지식 구조를 그들이 수용할 수 있도록 도울 수 있어야 한다. 전문지식을 가진 교사로부터 배우는 것이 초보자에게서 배우는 것보다 학습에 더 도움이 될 것이다(Winifred G., 2009).

어린이들의 작업 효과는 질서 있게 정돈된 지식 구조가 가장 중요한 요인이 된다. 경험이 많은 교사들은 보다 정연한 방식으로 지식을 전달할 수 있을 것이다. 그러나 몬테소리 교실에서 교사보다도 교구 교재로 하는 작업이 어린이들이 스스로 지식을 구성하는 데 중요한 역할을 한다(Cosimo G., 1993). 즉, 전문 교사가 단순히 핵심 이론을 어린이에게 제시하는 것이 아니라 물리적 환경 자체를 통해 어린이 스스로 핵심 이론을 찾을 수 있도록 협력하는 것이다. 몬테소리 교육에서 사용되는 교구들의 기본적인 이론과 실기를 연결할 뿐만 아니라 교육 과정의 모든 영역의 지식을 구조화하고 있다. 어린이를 적절한 발달 시기에 물리적 환경과 특히 교구와 더불어 작업하도록 환경구성을 제공하는 것으로써 몬테소리 교사들의 임무를 훌륭하게 진행하고 있다고 할 수 있다.

5) 몬테소리교사와 생명진화에 대한 지식

우리가 존재하는 세상의 창조는 우주전체의 기능에 영향을 준다. 우주에 생존하는 인류 자체가 역시 우주의 과업 중 하나인 것이다. 태초에 인류의 진화와 더불어 우주 진화 이야기를 한다면 우리는 생물학적 관점뿐만 아니라 지질학적 관점에서 접근해 보아야 한다. 왜냐하면 지구의 창조물들이 서로 밀접하게 연관되어지는 강한 힘 또는 에너지에 대해 생각해야 하기 때문이다(Daniela P., 2004).

만약에 몬테소리 교사들이 생명에 대한 이야기를 말한다면 인간과 종의 특성이 각기 다른 모양들을 생물학적 관점에서 접근할 때보다 더 많은 기능자임을 알게 된다. 인간 종은 질서 정연하고 생존에 필요한 가장 높은 차원의 사명감을 가지게 된다.

교사들이 어린이들에게 우주의 사명감을 바라보게 하는 방법은 진화에 있어서 새로운 관점을 열어주며 또 다른 기원을 제시해 주는 것이다. 생물학에서의 진화론이란 단지 살아있던 것들에 대한 관찰을 정리해 놓은 것뿐이고 생물들의 시작은 아주 단순한 것들로부터 시작해서 시간이 흘러감에 따라서 동물들은 현재 완성된 형태에 이르기까지 가장 복잡하고 완벽한 과정을 거쳐 진화한 것이다. 진화에 대한 다양한 사실들이 지구에 대한 연구에서 발견된다. 생물의 진화 형태는 점점 복잡해지고 동물들의 기관들 역시 다른 시대를 맞이하면서 더욱 복잡해졌다. 환경에 대한 적응은 개체의 보존성과 종족의 보존성이라는 두 가지 강력한 충동에 의해 이루어진다(Lillard A.S., 2005).

근본적인 사실은 모든 생물체는 물에 의존하고 있고 어떠한 새로운 기능이 발생하려면 또 다른 새로운 성분으로부터 분리되어 발생한다는 것이다. 이러한 사실은 불변의 법칙으로 공기 없이는 생물체들이 호흡을 할 수 없기 때문에 어떤 생명도 존재하는 것이 불가능해진다. 물은 지면과 분류해서 생각하여야 한다. 우리가 물과 지면을 혼합한다면 인간이 물 속에 진흙이 붙는 것과 마찬가지다(Ludwig H., Fischer R., Heitkäper P., 2000). 태초에 생물들은 공기와 물이 필요했기 때문에 계속해서 분리되고 정화되어 왔다. 물은 염화칼슘을 바다 속 땅으로부터 솟아난다. 이 과정에서 발생한 나트륨은 독성을 포함하고 있지만 결과적으로 물을 정화하는 역할을 하게 된다. 그러므로 단세포 생물의 기원은 물 속에서 모든 독소를 제거하는 기능을 한다. 단세포 동물들은 단지 생명을 유지하기 위해 살고 있는 것이 아니라 자기들 기능은 바다 속 염분들을 활용해 여러 종류의 조개들을 만들어 낸다는 것을 알 수 있다. 이렇게 염분의 문제는 물에서 염분을 제거하는 작업을 수행하는 단세포 생물들에 의해 해결되었다. 그 당시 지구에서는 염화칼슘들이 물에서 씻겨져 내려갔고 단세포 생물들의 염화칼슘 제거작용에 의해 창조가 새롭게 시작되었다(Lochi T., 1991).

진화의 오랜 시간이 흘러가고 지질학적으로 rotozoa들의 신시대가 열렸다. 두 번째 신시대에서는 새로운 종류의 동물들이 발생했다. 지질학자들은 이 신기한 생물을 삼엽충인 트릴로비츠라고 불렀다(Chi M.T.H., & Feltovich P.J., & Glaser P., 1981). 그들은 매우 복잡한 동물로 세 개의 귓불과 매우 큰 눈과 다리들을 가졌었다. 매우 특별한 형태로 바다를 거의 장악했던 거대한 괴물과 같은 동물이었다.

새로운 시기에 더 많은 육지가 물 위로 솟아 올라와 또 다른 시대가 시작된다. 더 많은 땅과 더 많은 염화칼슘들이 생겨났다. 현재까지의 생물들은 더 이상 자신들의 일을 완수하지 못했다. 새로운 현상에 따라 자연이 만들어 내는 시간의 지혜자가 자연을 위한 위원회를 구성하여 무엇인가 위대한 과업을 하기 위해 결정했던 것인지 그들은 삼엽충을 관찰하고 이야기했다(Rerihard F., Michael Klein-Landeck,

Ludwig H., 1999).

삼엽충의 존재는 바다의 물을 깨끗이 하는 것이 목적이었지 모든 생물들의 최고자로 바다의 왕으로 군림할 수 있었던 것은 아니었다. 삼엽충을 더욱 복잡하게 만든 진화는 필요하지 않았고 필요했던 것은 단세포생물인 일차원적인 생물들이 너무 많이 번성하는 것을 방지하는 것이었다. 물의 정화작용을 유지시키고 혼란의 위협에서 되돌리는 일이었다. 이제 모든 것들을 모아 누가 지구를 정화시키는 가장 위대한 작업을 할 수 있는 능력이 있는지 선택하여야 할 시간에 도달한 것이다.

진화하면서 더욱 복잡한 생명체의 형태 대신에 다음 시대에는 더욱 단순한 형태의 생물이 탄생한 것이다. 다양한 종류의 새로운 생물들은 더욱 많은 염화칼슘을 제거하기 위해 탁월한 능력을 가졌다.

환상적으로 진화된 새로운 삼엽충의 일종에게 Carneous라고 이름이 붙여졌다. Carneous는 동물임에도 불구하고 긴 꼬리와 넓은 잎사귀를 가진 바다의 야자수로 불릴 정도였다. 이 생물은 꽃이나 과일처럼 자연스럽게 성장하였다(Rukmini R., 1998). 그러나 Carneous가 죽었을 때 바다 속으로 가라앉았고, 그 모습은 현재까지 본 창조물들 중 가장 아름다운 형태였다.

삼엽충들의 필요성은 차츰차츰 사라졌고 연체동물이 나타났다. Silurian라는 식물들이 처음으로 나타난 시대이다. 이 시대는 진화 대신에 염화칼슘을 흡수하기에 더욱 적합한 형태로 퇴화한 생물이 나타났고 이 종족은 누가 더 빨리 염화칼슘을 흡수하는지 경쟁이라도 하듯 순식간에 엄청난 양으로 번성했다(Ludwig H., 2000).

만약 우리가 진화론이나 구조의 복잡성에 관련된 관점에서 본다면 우리는 보통 삼엽충은 구조가 복잡하고 튼튼한 형태를 가지고 있지만 느린 속도로 인해 완전히 사라졌다는 것을 알 수 있다. 더 복잡한 형태의 바다의 나무라고 부르던 carneous 역시 사라졌다는 것을 알 수 있다. carneous 생물도 역시 멸종했다. 단지 산호초들만이 아주 단순한 형태를 가지고 번성하였으며 현재까지 바다 속에서 자태를 드러내면서 생존하고 있다(Rukmini R., 1998).

생태계에서 산호초들의 능력을 네 번 보여주었다.

① 바다로부터 육지나 바위의 아름다운 형태와 모양을 만들기 위해 산호를 선택하고 또 그것을 서서히 부서트렸다.

② 연체동물들 역시 선택되었지만 그들은 두 번째였다.

③ 원생동물은 아주 이른 시간부터 홀로 남겨졌다. 단순했고, 자기들이 선택한 염화칼슘을 흡수하는 사명감은 아주 유익한 작업이었다.

④ 그 외의 다른 원생동물은 모두 사라졌다.

우주에 어떤 종족들이 생존하느냐의 문제는 지구상에서 균형을 이루기 위한 수량적 제한을 계속 받고 있다는 관점과 일치하는 생태균형 이론이다. 어떤 종족이 매우 유용하고 단조로운 구조를 가지고 있다면 생존이 가능한 것이다. 더 이상 진화하지는 않지만 멸종하지도 않는다.

이제 인간 진화는 Devonian 시대라는 또 다른 시대로 넘어왔다.

산호들의 급속한 성장과 분포는 큰 문제를 발생시켰다. 산호들은 항상 적당한 장소를 찾아 스스로를 고정시키고 움직이지 않는다. 산호들은 생존하기 위해 염화칼슘이 필요했지만 그것을 구하기 위해 움직일 수는 없었다. 어떻게 하면 염화칼슘들을 산호 쪽으로 이끌어 올 수 있겠는가? 는 많은 생각을 추측하게 한다(Rukmini R., 1998).

바다 물은 끊임없이 움직인다. 해와 달은 서로 힘을 합해 거대한 물의 흐름과 순환을 역동적으로 만들어낸다. 산호들은 처음부터 더 많은 염화칼슘을 제공받기 위해 해와 달의 도움을 필요로 했다. 계속해서 염화칼슘을 바다 곳곳으로 분배하기 위해 계속해서 물을 저어 순환해 주어야 했다.

어떻게 바닷물이 계속 순환되어 정화될 수 있겠는가? 설탕이나 소금은 스푼으로 저어 물에 녹일 수 있지만 바다 속은 다르다. 하지만 자연은 본질적으로 평형을 유지하려고 노력한다. 만약 산호들이 죽어서 사라진다면 염화칼슘은 물 속의 가장 강한 독성이 될 수 있다. 산호들이 자기들의 작용을 계속 진행하기때문에 염화칼슘이 계속 공급되어지는 것이다. 다른 모든 바다 속 생명체들을 위해 산호들은 도움을 필요로 한다.

갑자기 물에게 충격을 줌으로써 스스로 자신의 책임감을 부여할 준비를 한 생물이 결정됐다. 이 생물은 중년에 마치 전사와 같은 모습으로 무척 강한 무기를 가졌다고 할 수 있다. 스스로를 선택한 다른 동물은 처음으로 빙어 과에 속하는 생물이었다. 빙어들은 머리 부분에 껍데기가 있고 팔을 자유로이 움직일 수 있기 때문에 재빠르게 움직이는 물고기다. 물고기들은 골격이나 근육의 메커니즘 상 공통점을 유지하면서 모든 종류와 모든 비슷한 모습으로 엄청난 수로 번식하였다. 빙어들은 움직일 때마다 끊임없이 물을 저어 주었다. 거대한 팔을 가진 대신에 그들은 가볍고 투명했다. 물고기들은 큰 물고기가 작은 물고기를 잡아먹고 서로 두려워하며 살아남기 위해 끊임없이 움직인다.

물고기들은 서로 도망다니기 시작했고, 잡아먹히지 않기 위해 노력했으며, 음식을 얻기 위해 노력했다. 생존을 위한 투쟁을 물 속에서 계속하면서 쉴 사이 없이 물을 휘저었고 물고기들은 미친 듯이 게걸스럽게 염화칼슘을 산호들에게 가져다주었다. 주의 깊게 물고기들을 관찰하면 특정한 영역에 거대한 자기 집을 짓고 살아가고 있는 것을 발견할 수 있다. 어떤 물고기는 해안가에 사는 것을 좋아하고, 어떤 물고기는 물의 바닥 근처에 사는 것을 좋아하고, 바다 중간 지역에 사는 것을 좋아하고, 바다 속 가장 깊은 캄캄한 곳에 사는 것을 좋아하기도 한다.

물고기들은 자기 스스로를 지키기 위해 생존 방식을 찾는다. 서로 단결하여 마치 군대처럼 떼를 지어 다니기도 하고 엄청난 양으로 번식하기도 한다. 물고기는 자유롭고 엄청나게 많은 양의 물고기들이 있다. 빙하기에서부터 거대한 괴물과 같은 고래가 나타난 것이다. 고래들은 순식간에 수백만의 작은 물고기를 집어 삼켰다. 고래들은 큰 물고기를 먹지 않고 작은 것들만 먹었다.

몬테소리 교실에서 어린이들과 함께 생명을 불어넣기도 하고 다시 빼앗기도 하는 해양 생태계와 지구에 대해서 계속해서 유지되는 평형성을 학습하는 것은 놀랍고 경이로운 일이다. 우리는 물에서 문제가 해결되었다고 말할 수 있고 평형성이 유지되고, 산호와 어류들은 모두 더 이상 진화하지 않았다.

염화칼슘을 분해하고 분배하는 각각의 임무를 수행하기 위해 그들은 멸종되지 않고 계속해서 생존한다. 평형성이 유지되는 이상 다른 것들도 현상을 유지하고. 생태계에서 또 다른 변화가 일어나게 될 때 비로소 엄청난 진화를 다시 시작할 것이다.

우리는 석탄기(Carboniferous)에 접어들게 되었다. 석탄기가 지나면서 지면 위에 나무와 동물들이 출현했고 죽어간 동식물들이 그대로 땅에 매장되어 석탄이 되었다. 건조해진 육지 위에서 식물계의 엄청난 발전과 진화가 일어난 것은 아주 의미 있는 일이었다. 초목들이 땅 위에 서식하기 시작하는 것은 산호들이 바다에 사는 것만큼이나 중요한 현상이었다. 공기 정화, 우리가 깨끗한 공기 속에서 살아가고 호흡할 수 있도록 나무는 맑은 공기를 공급해준다.

우주에 생존하는 창조물들은 바다 속의 창조물들과는 전혀 다른 기능을 한다. 환경도 다르고, 식물들 역시 산호처럼 엄청난 숫자로 집단을 이루지 못한다. 경이롭게 초목은 마치 산호가 엄청난 양의 탄소들을 정화하는 것처럼 환경으로부터 엄청난 양의 탄소들을 모았다. 또 다른 나무의 신비로운 기능은 철을 만들어 냈고, 땅 속에서 철을 만듦으로 엄청난 양의 탄소들이 땅 속에 철과 함께 매장됐으며 그로 인해 공기가 정화되었다(토마스 베리와 토마스 클락 신부의 대화, 김준우 옮김, 2006).

분명한 것은 모든 생명체들은 자기들만의 특별한 삶의 형태로 개별성을 지녔고, 그런 특별한 개체들의 작용들은 자신의 종족들과 개성들을 보존시키기 위한 것뿐만 아니라 다양한 역할들을 완성하고 자기들만의 특별한 생존방식으로 협력하고 있다(Socchera A., 2002)는 것이다. 모든 생명체들은 분명한 목적을 가지고 자기 자신보다는 전체를 위해 자기 사명을 완성해 간다. 이 모두는 자연을 이루고 창조물들을 보호하는 것이다.

물 속에서 진화는 평형이 이루어질 때까지 계속되었으며 땅 위에서는 또 다른 진화인 동물계가 시작된 것이다. 동물들이란 얼마나 신비로운 생물인지. 땅 위에서 동물계가 시작되기 전에 식물들은 공기 정화작용을 계속하기 위해 엄청난 수로 번성했었다. 어린이들이 진화를 학습한다는 것은 어떤 형태의 생명이든, 어떠한 기능이든 생명들 본질을 통합적으로 보아야 한다는 것을 의미한다. 산호는 대륙을 만들어내는 일을 수행했고 지구는 식물들이 그들의 사명을 수행함으로써 철을 만들어냈다. 지구는 산호들의 퇴적물로 가득해지고, 식물들의 질서 정연한 작업결과로 정화되었다. 식물들은 모두 대기의 독성을 제거하는 역할을 하였으며 최종적으로는 땅 속에 매장되어 석탄이 되었다. 경이롭고 놀라운, 자연이 스스로 생성하는 자연 작업이다.

생산적인 생물계의 일부를 차지하는 이러한 각각의 작용으로 생명체들은 지구에서의 질서정연한 사명을 수행해 올 수 있었을 것이다. 지구 위의 모든 생물체들도 단지 환경을 즐기고 땅이 준 열매를 받기 위해서만 존재하지는 않는다.

진화는 우리가 각각을 분류해 놓고 객관적으로 생물의 시작과 끝만을 관찰한다면 이해할 수 없는 사건들이 많이 나타난다. 중요한 것은 가장 작은 것을 가장 큰 것으로, 가장 단순한 것을 가장 복잡한 것으로, 그들의 소중한 기능들과 질서정연한 사명들로부터 모든 것의 조화를 유지하는 역할을 한다는 것에 관심을 자기고 관찰하며 이해하여야 한다는 것이다.

3 몬테소리 인간관

몬테소리 교육개혁은 인간생명이라는 개념과 인간존중사상이라는 기본적인 개념을 먼저 이해하여야 한다. 몬테소리는 "인간 그 자체가 교육의 중심이 되어야 한다. 우리가 알고 있는 어린이는 최고의 존재성을 소유하고 있다(Montessori M., 1988). 인간과 다른 동물과의 차이점은 이성을 소유한 창조적 활동을 추구하는 능동성에서 찾아볼 수 있다."고 하였다. 몬테소리의 인간관을 살펴보면 다음과 같다.

1) 영적 태아로서의 인간관

영적태아(The Spiritual embryo)의 인간이란 내적인 잠재가능성을 인정하는 관점이다. 몬테소리에 의하면 어린이는 가능성을 지니고 있으며 창조적인 존재로서의 영적태아이다. 어린이는 정신적인 원동력을 내재하고 있다. 이것은 어린이를 본성적으로 발전하는 힘을 지닌 창조적 존재로 규정한다. 어른의 행동에 대해 답

습만을 강조하는 모방적 존재임을 거부하고 내적생명력을 지닌 존재로 인정하고 있음을 알 수 있다.

몬테소리는 식물이나 동물이 혼자서 성장하듯이 어린이도 스스로 성장하고 발달해 가는 왕성한 생명력을 소유하고 있고 진화의 과정에서 생물이 자신에게 주어진 환경가운데에서 이익이 되는 것을 선별하고 흡수하면서 자신을 유지하고 성장시켜 나가는 것과 같이 인간도 완성을 향하여 수정에 의한 생명의 유지에 필요한 욕구와 방어, 종족의 보존과 발전의 완성에로 나아가는 본능적인 능력을 가지고 있다. 또 어린이는 자기 자신 속에서 드러나지 않으면서도 강력하게 작용하는 생명력에 의해 스스로 선택하고 스스로 창조해 가도록 촉구되고 권장되고 격려된다. 더불어 어린이는 모방을 허용하지 않고 또 뜨거운 생명의 충동을 가진 존재로서 끊임없이 자기창조에로 나아가는 존재이다. 다시 말해 어린이는 어른이 되기 위한 정신적인 모형을 이미 소유하고 있는 존재로서 이 영적인 힘을 태어날 때부터 가지고 있는 '영적태아'의 존재이다.

몬테소리에게 있어서 인간은 '완전한 정상화의 모형'을 소유하고 있는 존재로서 끊임없이 성장할 수 있는 에너지를 지닌 무한한 가능성의 존재이며 또한 내적 능동성을 가진 창조적 존재이다.

2) 정신과 육체의 조화로운 존재로서의 인간

몬테소리는 인간을 육체적이고 정신적인 존재로 보았다. 그녀는 인간을 육체와 정신으로 이루어진 살아있는 통일체로 본다. 그리하여 몬테소리는 어린이는 성장하는 육체와 발달되어지는 정신을 소유하고 있다고 본다. 어린이는 자라나는 육체와 발달하는 정신으로서 이 두 가지 생리적이고 심리적인 면은 영원한 것으로서 생명 그 자체라고 하였다. 어린이들은 생물학적인 생명체로서 최대한으로 정신적인 발달과 육체적인 발달이 균형을 이루어갈 때 인간화, 정상화로 진화한다.

몬테소리에게 있어서 인간형성은 정신과 육체의 공동 작업에 의한다. 몬테소리에 의하면 최고의 정신적 발달은 환경에서 활동적인 경험을 통해, 그리고 운동과 함께 이루어진다는 것에서 아동은 육체적일 뿐만 아니라 동시에 정신적인 존재임을 알 수 있다. 정신은 육체를 통해 인지를 발달시키고 육체는 이러한 정신에 근거하여 대소근육과 감각을 발달시킨다.

몬테소리에 의하면 섬세하고 활기찬 생명력을 가진 어린이는 환경과 상호작용하면서 감각기관을 통해서 환경에 있는 모든 것을 흡수하여 인지와 의식을 발달시키고 근육운동의 지속적 노력으로 현실화, 사회화, 인간화, 육화를 이루어 나간다. 이것으로 개인적인 인간화가 이루어지기 위해서는 정신적 생활의 바탕 위에서, 자신의 육체에 생명을 불어 넣고, 차츰 자신의 육체를 사랑하게 된다.

육체적이고 정신적 존재로서의 인간에 대한 이해로 몬테소리 교육학에 있어서도 정신화 육체화가 동시에 중요시된다. 육체와 정신, 그리고 외적 환경이 통합하면서 창조적이고 독립적인 주체로 성장·발달해 가는 존재로서의 어린이에 대한 견해는 몬테소리의 교육을 전인교육으로 향하게 하는 기초가 된다.

3) 사회적인 존재로서의 인간

몬테소리는 인간은 출생의 순간부터 사회적 존재이지 결코 비사회적 존재가 아니라고 하였다. "인간은 세상에 발을 들여놓음으로써 무엇보다도 사회적 책임을 느끼게 된다. 그 때문에 책임을 다하는 인간을 길러내는 일은 필수적이다(Oswald & Schulz, 1973)."고 하였다. 이와 같이 몬테소리는 인간을 사회적 존재로 보고 이를 위한 교육을 주장하였다.

어른들은 환경을 변화시키지만 어린이들은 자기생존을 위해서 어른의 도움을 필요로 하고 그들과의 공존을 필요로 한다.

몬테소리는 어린이들의 사회적인 관계와 사회적인 척도로 인해 자유로운 행동을 관찰할 수 있는 근거가 된다. 어린이들이 어른들의 억압적인 행동의 지배력에서 벗어난다면 사회적인 측면에서 어린이들은 자유로워질 수 있다. 몬테소리는 어린이들의 독립심을 성취하려는 노력과 어른들의 억압으로부터 벗어나게 되는 것은 자유로이 해방되는 것이라고 하였다.

이와 같이, 몬테소리는 사회적 존재로서의 인간의 관점을 분명히 하고 있을 뿐만 아니라 더 나아가 보다 나은 문명화된 사회의 건립을 위한 생각을 제안하면서 문명사회 건설의 한 몫을 담당하는 사회적 존재로서의 인간의 임무를 역설하였다. 그리고 인류애가 교육의 과정 속에 이루어져야만하며 이것이 우리의 근본적인 관심이다.

4) 발달적 존재로서의 인간

몬테소리는 인간의 성장은 단계를 거치면서 이루어진다고 보았다. 그 가운데 어린이는 개인적인 성장에 있어서 4개의 단계를 거친다고 하였다.

① 0~3세의 발달단계

태어나서 3세까지 어린이의 성장과정은 거의가 흡수성과 무의식성을 갖는다. 이 시기의 어린이는 무한한 힘과 강한 노력의 시기로 모든 측면에서 급속도로 변화하는 시기이며, 정서와 인지적 발달의 내적 구조는 민감기와 흡수정신에 의해 이끌어진다.

움직임과 활동이 최대한으로 발달하기 때문에 몸의 균형과 파악반사가 정교하게 발달함으로써 어린이들이 혼자서 시·공간 속에서 자기 몸을 자유롭게 통제하고 조절할 수 있는 능력이 발달한다. 이 시기는 질서에 대한 민감기가 최대한으로 발달하는데, 환경을 정리하고, 질서 있는 환경 속에서 자기 활동에 대한 통제력과 조절할 수 있는 정신적인 질서가 발달하는 시기이다.

② 3~6세의 발달 단계

3~6세까지는 어린이가 점차적으로 무의식으로 습득한 지식을 의식된 수준으로 끌어올리면서 자아 훈련(self dicipline)이 시작되는 시기다. 이 단계에서 어린이는 자기의지를 훈련한다. 전 단계에서는 무의식을 통해서 세계를 흡수했지만, 이 시기는 지능 발달과 더불어 의식적으로 세계를 흡수하고, 지능에 의해서 작업을 완성하는 시기이다.

이 시기의 발달 특징은 자기 환경에서 활동을 통해서 의식이 발달하는 것이고, 다른 하나는 이미 행한 것을 반복하는 행동을 통해서 발달한다. 이 시기는 손 운동 능력이 최대한으로 발달하여 지능과 손 기능을 연결시키는 단계이다. 즉 지능이 명령하는 것을 손으로 실행하는 단계이다.

이 단계는 어린이들이 무의식적으로 사물과 환경을 흡수하던 단계에서 의식적으로 사물과 환경을 흡수하는 단계로 발달한다. 그러면서 사물과 환경을 완전하고 구체적으로 흡수한다.

어린이들은 자기 환경 속에서 자유로운 활동과 더불어 의식적인 발달을 촉진하려고 노력한다. 그래서 어린이들은 교구와 환경과의 상호작용을 통하여 자기목적을 달성한다. 어린이들은 흡수한 모든 것들을 자기 내면 속에서 분석할 수 있는 지적능력이 발달함으로써 완전하게 목적을 성취하고 자기 세계에서 경험한 모든 것들을 창조적인 능력과 연결한다. 이러한 관점에서 몬테소리의 교육방법을 새로운 교육방법이라고 부르지 않고 '어린이 정신의 발견'이라 불렀다.

③ 7~12세의 발달단계

7~12세로 접어들면 어린이는 삶에 필요한 학문적이고 예술적인 기술들을 개발할 수 있게 되며, 우주관과 세계에 대해 관심을 가지는 시기이고 동시에 자신들의 정체감을 만들어 가는 시기이다. 몬테소리는 이 시기를 닫혀진 시·공간에서 열려진 우주의 공간으로 탈출하려는 시기라고 말한다.

– 정신적·육체적 변화의 시기

몬테소리는 이 시기의 아동들은 정신적인 측면에서 광활한 동산을 발견함으로써 그들의 세계에서 가지고 있는 관심의 씨앗을 가장 적절한 방법으로 파종하고 최대한으로 비옥한 땅에서 가꾸려는 성향을 가진다고 보았다. 사물과 문화의 씨앗을 파종할 수 있는 특별한 정신을 필요로 하는 이 시기를 사물과 우주에 대한 관심과 욕구로 인해서 정신적인 변화를 가져오는 시기라고 보았다. 정신적인 씨앗이 정상적인 시기에 파종된다면 문화와 우주의 지식에 대한 아름다운 꽃을 피우게 될 것이고, 만약에 파종이 늦는다면 자연적으로 사물과 자연 그리고 우주에 대한 발달단계는 지연될 것이라고 말한다.

이 시기의 아동들은 자기를 에워싸고 있는 환경을 확장하고 그 환경에 새롭게 적응하려는 변화의 시기를 맞이한다. 아동들의 생활 활동 범위가 가정에서 사회 밖으로, 그리고 세계로 확장됨에 따라서 자연적으로 아동들은 변화를 하게 되고 그에 상응하는 학문적인 지식을 필요로 한다.

– 도덕적 의식의 발달시기

이 시기의 어린이들은 선과 악을 구별할 수 있는 도덕적인 세계를 확장하려는 성향을 가지면서, 자율적으로 도덕적인 여러 문제들과 대항하는 데 한계성을 느끼지만 다른 측면에서 자기의 능력에 의해서 선과 악을 구별하려는 욕구와 독립심에 대한 본능적인 욕구에 갈증을 느끼는 시기이다.

공동체에 대한 의식이 발달하면서 어린이들은 자기의 조국에 대한 의식도 동시에 발달한다. 앞으로 다가올 미래를 창조하기 위해서 현재에 많은 관심을 가지는 시기이기도 하다.

– 아동들의 사회적 욕구 충족의 시기

이 시기의 어린이들은 공동체 속에서 자아를 발견하고, 공동체 속에서 자기의 역할을 수행하려는 욕구가 발달한다. 동시에 어린이들은 자율적으로 공동체 속에서 인류애에 대한 감성을 느끼고 그러한 정신을 발휘하려는 특별한 성향도 발달시킨다. 그러므로 공동체 속에서 인류애에 대한 긍정적인 자세와 사회적인 관심이 이 시기에 이루어진다면 세계관에 대한 개념과 자아정체감의 확립 방법과 문화의 가능성을 모든 어린이들이 누릴 수 있을 것이다.

④ 13~18세의 발달 단계

이 시기는 청년기로서 성숙한 한 성인으로서 인정을 요구하는 자아정체감이 완전히 발달한 단계를 의미한다. 몬테소리는 이 단계를 정신적인 활동의 시기, 사회인으로 활동의 시기, 그리고 생산적 시기로 구분한다.

정신적 활동의 시기는 자기자신의 정체감이 확실해짐으로써 사회 속에서 자기의 역할을 찾고, 자기의 위치에 대해서 관심을 가지는 시기이다. 다른 한편으로 자기의 미래에 대한 계획을 설계함으로써 현재의 생활에서 안정감과 자신감을 가지고 타인과의 적절한 관계를 유지한다.

몬테소리는 이 시기에 느끼는 정신적인 갈등은 청년기 자아정체감이 형성되지 않은 자아개념의 결핍에 의한 것이고, 그러한 현상들은 열등의식 혹은 열등감으로 나타난다고 보았다.

이 시기는 사회적인 정의감과 자기 가치화 그리고 명료화를 통해 개념이 발달한다. 이러한 현상으로 자아에 대한 확신감에 때로는 강한 아이덴티티를 가질 수 있고 때로는 좌절감으로 인해서 무기력감을 가지게 되는 시기이다.

다른 한편으로 이 시기에는 사회적이고 경제적인 성장, 상호의존적인 관계형성, 지역사회와의 관계, 친척관계 그리고 소명의식을 가지려고 노력한다.

4 몬테소리 교육의 목적 및 교육내용

1) 몬테소리교육의 목적 및 목표

몬테소리 교육은 '어린이는 어른과 다르다.', '어린이는 어른의 아버지' 라는 대전제 하에서 어린이 자신의 독특한 성장 발달과정을 관찰하여 개발한 자기주도적 학습원리에 따른 교육이다. 몬테소리는 어린이를 스스로 성장발달하며 자신의 인격을 창조하는 내적 생명력을 가진 존재로 보고 있다. 어린이는 끊임없이 자신을 창조해 가는 무한한 잠재력을 지닌 존재이다. 따라서 어른은 어린이를 인격적인 존재로 존중해야 하며 성인의 축소판이 아니라는 사실을 인정하고 발달단계에 따라 성장 발달의 속도가 개인차를 지닌다는 것을 알아야 한다. 몬테소리 교육은 이러한 잠재능력을 가진 어린이에게 스스로 노력하도록 격려하고, 내재적 동기부여를 할 수 있는 환경과 지지를 해주어 독립적, 자율적 인간으로 성장하도록 돕는 교육이다. 몬테소리 교육은 인격형성의 제일 중요한 시기에 집중력, 독립심, 자율성을 길러 창조성을 발휘해 가면서 각자 개인의 독립적인 삶을 살아갈 수 있는 능력을 양육해 주는 것이다. 어린이들은 자율작업을 통해서 사물에 대하여 차분히 대처하고 기쁨에 가득 찬 어린이 본래의 자세를 실현시키는 데 목표를 두고 있다. 이를 구체적으로 살펴보면 다음과 같다.

① 몬테소리 교육은 생명을 돕는 교육이다.

몬테소리의 아동관은 인간존중 사상에서 출발하여 인간의 잠재능력과 자기 발전을 스스로 개발할 수 있는 우주적 환경을 제공해 주어야 한다. 인간교육은 인간의 생명을 다루는 학문이기 때문에 생명에 대한 일반적인 지식 없이는 불가능하다. 몬테소리 교육은 생명발달에 협조하면서 인간의 본능적이고 창조적인 능력을 스스로 개발할 수 있도록 인적 환경과 물리적 환경 사이의 조화로운 준비가 필요함을 강조한다. 생명을 돕는 교육이다.

② 몬테소리 교육은 어린이에 대한 인간존중의 사상을 실현한다.

몬테소리 교육학에서 어른과 교사 그리고 어린이의 관계는 항상 수직적인 관계가 아니라 수평적인 관계이다. 즉 어린이에 대한 존중사상에서 출발한다. 몬테소리 교실에서는 어린이를 교육한다는 말 대신에 귀한 손님으로서 어린이를 초대한다. 이것은 어린이와 교사가 서로 상호 간에 영향을 주는 존재로 인간존중의 의미가 잘 드러난다. 어린이가 선천적으로 갖고 있는 정신적인 싹이 잘 실현되고 개발할 수 있도록 교사는 어린이를 잘 도와주는 조력자의 관계로 인류가 인류애의 실천을 교실에서, 가정에서 잘 실천하고 시범을 보이는 것이다.

③ 몬테소리 교육은 어린이들을 자유로워지게 하는 교육이다.

몬테소리가 언급하는 자유의 원천은 어린이의 활동에 있다. 학문적이고 철학적인 자유의 개념을 의미하는 것이 아니라 어린이들에게 자유와 교육적인 환경 사이에서 어떠한 일이 일어나는가에 관심을 가진 자유개념이다.

인간은 자기자신이 준비된 환경 속에서 자유로워지려는 욕구가 있다. 자신의 생명령에 필요한 모든 에너지를 필요로 한다. 몬테소리는 자유로운 인간만이 자기자신이 창조한 환경에 대해 복종하고, 자연과 어린이에게 순종하고, 자기자신을 스스로 조정하면서 인간존재의 가치를 가장 고차원적으로 끌어 올리는 역할을 한다고 말한다. 자유는 대단히 중요한 개념이며 중요한 위치를 지닌다.

어린이 스스로가 작업을 통해 경험되어지는 과정에서 독립된 인격체로 성장한다. 즉 작업의 반복활동을 통해서 만족감을 느끼고 스스로 독립적이 되고 자유를 완성한다. 어린이들은 한 사물에 관심을 집중하여 반복행동을 함으로써 자기활동을 습관들인다. 이것이 자동교육으로 나아가게 된다. 어린이들은 자유롭게 활동하고, 반복하고, 습관을 들인 활동을 통해서 독립적이고 자율적인 존재로 성장한다. 어린이의 '나 스스로 할 수 있도록 나를 도와주세요.'라는 외침은 내면의 세계에 잠재해 있는 창조적 능력을 발달시키려는 욕구에 대한 외침이다.

어린이의 행동의 자유로운 현상들이 바로 인간존재의 모습을 나타내는 것이고 자기들의 욕구를 충족시키는 것이다. 그러므로 어린이들에게 자유는 인간정신의 필수적인 요인이라고 할 수있다.

④ 몬테소리 교육은 자유선택의 힘을 길러준다.

몬테소리 교육학에서 자유선택은 중요한 핵심부분 중에 하나이다. 어린이들이 하고자 하는 일, 작업할 수 있는 자유로운 결정은 근본적인 교육이념이다. 몬테소리는 어린이들에게 준비된 환경을 제공해서 어린이는 그 환경 내에서 자신이 자유스럽게 선택한 자료들을 탐구하고 자신의 작업에 몰두하게 된다고 보았다. 이 선택의 자유는 어른들의 모든 시범에 의해 어린이에게 제공된 많은 지식으로부터 나온다. 어른은 어린이에게 판단하고 선택할 수 있는 지식을 주어야 한다. 그러기 위해서는 자유의 의미가 무엇인지 알아야 한다. 진정한 자유는 판단할 수 있는 능력을 갖추는 것과 밀접한 관계가 있다. 판단하는 행위는 선택행위를 이끌며 선택행위는 어린이의 지적인 능력과 의지에 의해 수행된다.

⑤ 몬테소리 교육은 어린이를 정상화의 길로 이끄는 교육이다.

몬테소리는 어린이들이 작업의 집중화 현상을 통해서 하나의 인격체로 거듭나고, 정상화 되어 가고, 자율적이고 독립적으로 성공적인 인격을 형성한다고 하였다.

어린이들은 손의 사용과 더불어 환경 속에서 경험을 하기 시작한다. 경험을 통해 어린이들은 위대한 작업자가 되고 작업을 통해서 자기만족감을 나타낸다. 환경 속에서 어린이들은 자기들의 창조적 에너지를 이용해 창조적 능력을 발달시키고 자율적이고 독립적인 자유로운 존재가 된다. 이러한 작업의 집중화 현상을 통해 일탈행동이 사라지고 새로운 어린이로 탄생하는 것이 '정상화된 어린이' 인 것이다.

정상화된 어린이는 독립적으로 인격을 형성할 수 있는 능력을 소유하였고, 자신의 소질, 관심, 호기심, 장점, 하고자 하는 욕구를 극복하는 데 자유로운 어린이이다. 정상화된 어린이는 자율적이고 독립적이고, 질서를 사랑하고, 작업을 사랑하고, 현실을 사랑하고, 자생적인 집중력이 발달되고, 사랑하는 사물과 창조정신이 접촉함으로써 환경을 사랑하고, 순종적이고, 환경 속에서 자유를 경험하고, 상호 협력적이고, 기쁨과 즐거움을 느끼면서 스스로 행동하는 특성을 나타내는 어린이이다.

2) 몬테소리 교육의 내용

몬테소리 교육방법은 교육원리를 설정하고 그 원리에 맞추어서 교육방법을 고안한 것이 아니라, '어린이는 어른과 다르다.' 라는 대전제 하에서 어린이 자신의 독특한 성장발달 과정을 관찰하여 연구한 교육방법이다. 또한 "흡수정신"이라는 어린이만의 유일한 특성에 바탕을 두고 교구를 통하여 어린이의 정신적인 싹(지성)을 마음껏 발달시키도록 조직적이고 계획적으로 어린이를 도와주는 것이 몬테소리 교육이라 할 수 있겠다.

몬테소리 교육은 인간의 발달단계와 더불어 다양한 대상에 따라서 교육의 내용이 다양하게 구성되어져 있다. 출생에서 노인 치료 교육학에 이르기까지 다양하게 적용할 수 있는 프로그램을 모두 개발하였다. 영아전담 프로그램, 3~6세 프로그램, 초등학교 프로그램, 통합교육 프로그램, 노인 치료 프로그램이다.

(1) 0-3세를 위한 영아 전담 프로그램

우리나라에 영아전담 프로그램은 유아 교육 프로그램에 비해서 연구가 활발하게 진행되지 않은 상태이다. 이런 현실적인 상황에 비해서 몬테소리 영아전담 프로그램은 대체적으로 연구가 앞으로 활성화 되어 가야 한다고 볼 수 있다. 몬테소리의 영아전담 어린이집 프로그램은 거의 80%가 몬테소리의 교육철학 이론에 근거하고 있으며 실제 활동은 20%에 불과하다. 이것은 일상적인 가정에서의 활동들이 많은 부분을 차지하고 있으므로 몬테소리 철학적 근거에 의해 영아를 사랑스럽게 보육해 줄 것을 요구한다는 것을 알 수 있다. 영아몬테소리의 내용으로는 크게 안전성, 영아의 위생, 영아의 영양과 급식, 영아의 휴면시간, 일상생활, 감각훈련 등이 있다.

① 안전성에 대한 교육

- 화재 안전성
- 지진 안전성
- 비상대비 관련정보
- 주변 환경에 대한 안전성
- 가족에 대한 안전수칙

② 영아를 위한 환경구성

몬테소리 영아전담 어린이 집의 환경구성을 위해서 다음과 같은 사항을 고려하여야 한다(Ferratti A.M., 2000).

- **0~1세를 위한 공간** : 영아와 부모 접견실, 가장 쾌적한 환경에서 영아들의 의, 식, 주를 해결할 수 있는 모든 공간, 화장실: 기저귀 갈이와 샤

워가 가능한 영역, 탐색활동영역, 침실, 수유와 이유식 공간

교구 : 벽 거울, 개인 사물함(개인 장), 살균·소독 기구, 세척기, 건조기, 보물 상자, 삼각거울, 붙들고 일어설 수 있는 벽에 부착된 나무 봉, 1세를 위한 교구, 흔들의자, 계단식 미끄럼틀, 유모차, 2명 이상이 탈 수 있는 수레(야외 산책용), 감각연습교구

- **2세를 위한 공간** : 탐색활동을 위한 넓은 공간, 작업영역, 화장실: 기저귀 갈이와 세면실, 천정에 교구를 매달 수 있는 도르래 바퀴, 침실

교구 : 몬테소리교구, 보물 상자, 계단식 미끄럼틀, 손수레, 일상영역, 감각영역 교구, 2세를 위한 언어교구, 역할놀이 또는 상상놀이를 할 수 있는 세탁 세트, 싱크대 놀이

- **3세를 위한 공간** : 작업과 탐색활동을 할 수 있는 공간, 일상, 감각, 수, 언어, 우주영역 공간

교구 : 몬테소리의 일상, 감각, 수, 언어, 우주, 종교, 예술영역교구,

영아용 교구들

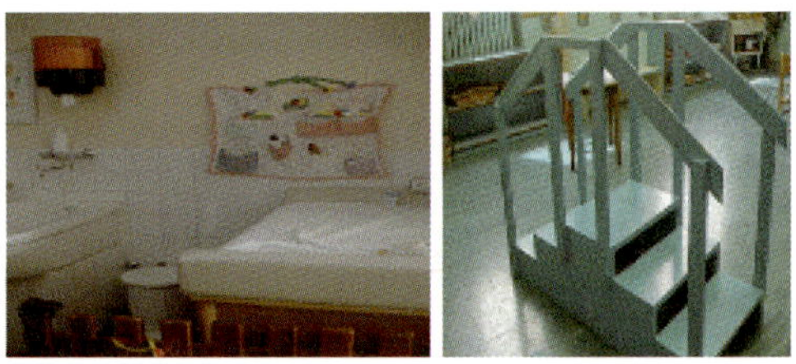

영아들을 위한 환경

(2) 3~6세 유아들을 위한 프로그램

① 일상생활영역

감각 기관은 밖에 있는 모든 사물을 자신의 머리 속으로 가지고 들어오는 수단이고 매체이다. 반대로 손의 활동과 몸의 움직임 전체는 상반된 기능을 하는 것으로 손놀림과 몸놀림을 통해 사람의 내면에 있는 정서적 충동이나 이성적 생각들을 밖으로 드러내는 역할을 한다.

일상생활 훈련은 나이에 맞춰 몸을 올바르게 움직이는 훈련을 하기 때문에 특별한 의미를 가진다. 일상생활 연습은 움직임을 교육한다는 목적 외에도 몬테소리 교육학의 핵심적인 목표를 충족시킨다. 가장 중요한 요점은 유아의 독립성을 강화한다. 혼자서 옷을 입고, 세수를 하고, 이를 닦는 법을 배운 유아는 더욱 독립심이 발달하면서 양육자에 의존하는 행동이 줄어들고, 모든 일들을 스스로 해낼 수 있고, 독립심을 극복하면서 자아를 지배하는 자기 자신의 주인이 된다.

일상생활훈련은 사회 교육적 목표를 가진다. 유아들은 다른 사람들에게 인사하고, 공동생활을 학습하고, 어린이집에서 교사뿐만 아니라 유아들까지 똑같이 어린이집의 질서와 아름다운 환경을 가꾸는 일에 참여하여 주변 환경에 대해 자신들의 행동을 통해 책임감을 느끼는 경험을 하게 된다.

모든 문화와 사회는 자기 고유의 인사방법, 복식사, 식생활 습관, 문화인류학적인 예의가 있다. 인류학적인 예식은 문화에 따라서 다르지만 존중하고 인정하는 것은 문화적 특성을 인정하는 것이다. 일상생활은 유아교육에서 중요한 영역으로 일상생활에 필요한 능력과 문화를 반복적인 활동을 통해서 사회적 규범과 함께 학습한다. 일상생활의 목적은 어린이들이 생활을 독립적으로 해나갈 수 있는 환경과 자기완성을 위한 실제적인 학습 환경을 제공하는 것.

자기 자신에 대한 배려 : 옷 입고 벗기, 손 씻기, 코풀기, 구두 솔질하기, 이 닦기, 머리 빗기, 옷 틀 연습하기

환경에 대한 배려 : 먼지 털기, 책상 닦기, 쓸기, 거울 닦기, 잎사귀 닦기, 꽃 물주

기, 꽃꽂이, 빨래하기, 바나나 자르기, 잼 바르기, 설거지, 인형 목욕시키기, 침묵놀이, 선 위 걷기, 음악 감상.

공동생활에 대한 배려 : 손님을 맞이하는 일, 자리를 정리하여 제공하는 일, 상차리기, 음료수 제공하기, 양보하기, 인사 나누기.

일상생활영역

② 감각영역

몬테소리는 어린이들의 인지발달은 선험적인 것과 감각기관을 통해서 사물을 지각하는 단계에서부터 발달을 시작한다고 보았다. 몬테소리 감각훈련은 감각교구와 몸의 부분들이 직접 접촉하여 활동을 정확하게 움직이도록 하는 것이다. 감각교구의 특성은 교구 자체를 변형하여 창의성을 발달시키는 역할을 한다. 감각교구를 통해서 감각적 인지발달을 촉진시킨다.

감각교구는 특성의 고립화를, 즉 색상, 형태, 크기, 무게, 사물과 교구의 표면 촉감을 어린이들이 지각할 수 있도록 훈련한다. 그리하여 사물의 구체화된 특성을 인지하게 된다. 감각교구를 통해서 어린이들은 순간순간 조용한 생각을 하게 되고, 안전한 집중력을 강화하고, 내적인 생명력을 강하게 만든다.

감각교구는 창의성을 위한 것이 우선목적이 아니라 어린이들에게 사물을 직관하는 정확성, 질서감 의식을 감각으로 경험하도록 하는 작업, 사물의 본질, 속성을 정교하게 인지하도록 훈련하는 것이다.

시각훈련 : 사물의 크기, 색상, 형태

촉각훈련 : 사물을 만져봄으로써 피부로 느끼는 촉감을 변별하는 연습

청각훈련 : 소리의 종류

미각훈련 : 신체의 혀를 이용한 맛감각 훈련

후각훈련 : 신체의 코를 이용한 냄새를 변별하는 훈련

감각영역

③ 수영역

몬테소리에 의하면 인간은 선천적으로 이미 수학적 정신을 가지고 태어났다고 했다. 몬테소리 교구 가운데 가장 자랑스럽고 구조적인 교구가 수학교구이다. 수학교구의 논리성, 정확성을 통해 어린이들은 수학적 구조, 구체적인 것에서 추상적인 것으로 발전하는 것, 사고 구조, 규칙·법칙인 수학적 정신, 수학원리, 사물의 양과 질의 개념, 단위 개념, 거리개념, 시·공간 개념을 습득한다.

수에 대한 개념 소개 : 숫자 개념 알기

십진법 I, II

연속수

평형과 입방

암산, 가감승제

분수

기하학 도형

시계

수영역

④ 언어 영역

듣기, 읽기, 쓰기, 말하기를 연습하는 것은 어린이들이 생활하면서 필요한 문화 기술을 위해서 필연적인 것이다. 이러한 문화적 기술을 어린이들이 좀 더 흥미롭게 배울 수 있도록 만들어 놓은 것이 바로 언어교구이다. 세계에 있는 어린이들이 사용하는 언어는 완전히 다르고, 자기 고유의 언어를 가지고 있기 때문에 각 나라에서 자기 문화 기술방법에 의해서 교육방법을 개발하여 제공하여야 한다.

언어교육에 대해서 몬테소리는 언어는 생득적인 것이 아니고 환경의 영향이나 교육에 의해서 단계적으로 발달해 간다고 보고 '어린이는 자신의 환경의 언어를 말하는 것이다.'라고 주장했다. 그러므로, 몬테소리 언어교육은 실제의 사물을 경험시키는 것에 의해 언어를 가르치고 올바른 개념을 구성시켜 어휘를 넓히도록 권장했다.

어린이는 정확하게 듣는 방법, 정확하게 보는 방법, 근육조절이 단계적인 발달과정에 따라 이루어져야 한다. 언어교육에서 몬테소리가 중요시한 것은 흡수정신과 근육조절이다.

어휘력 연습

듣기 활동

말하기 활동

쓰기 활동

읽기 활동

품사

문법

언어영역

⑤ 우주영역

우리나라에서 우주영역은 일반적으로 문화영역으로 널리 알려져 있고, 우주 영역에 대한 교구를 가지고 우주역사, 우주의 생성 원리, 인간의 진화 과정, 생명체와 무생명체에 관한 이야기, 인간의 기본적인 욕구에 관한 것, 평화에 관한 이야기, 종교에 관한 이야기, 예술에 관한 이야기를 실제로 교구와 함께 학습하는 것이다.

지리 역사

우주 역사

생명체의 역사

무생명체에 대한 이야기

우주영역

(3) 초등학교를 위한 프로그램

몬테소리의 초등학교를 위한 프로그램은 어린이집, 유치원 프로그램과 연계성으로 이루어지는 것으로서 초등 프로그램이다. 프로그램의 속성 상 유아교육기관과 초등학교의 통합교육제도가 일반화 되어 있지 않기 때문에 실제적으로 적용하기는 문제점이 있다. 그래서 몬테소리 프로그램을 초등학교에 적용하기 위한 주의할 점을 살펴보면 아래와 같다.

첫째, 유아교육기관과 초등학교 사이에 커리큘럼이 연계성 있게 이루어져야 한다. 유아교육기관이 초등학교 교과과정과 연결되는 부분이 제도적으로, 조직적으로, 지원적으로 자연스럽게 연계성을 가져야 한다.

둘째, 유아교육기관과 초등학교의 같은 장소에서 통합적으로 이루어져야 한다.

셋째, 몬테소리 교실에서는 어린이들이 자기 주도적 학습원리을 적용하기 위해서 자유선택을 할 수 있는 환경이 준비되어야 한다.

넷째, 정해진 교재와 교구가 학습과정에 자유선택 없이 놓여지면 안 된다.

다양한 교구와 교재가 준비된 환경 속에서 어린이들의 자유선택이 가능하고, 어린이들 스스로 독립적이고, 자율적 학습을 할 수 있는 자동교육의 원리에 습관들여져야 한다. 어린이들 교실에 준비된 모든 교구와 교재를 어린이들이 자유롭게 활용 가능해야 한다.

다섯째, 몬테소리 프로그램의 연속성은 조직적인 측면, 작업방법의 측면, 프로그램의 연속성 개념 모두가 포함된다. 그 중에서 가장 중요한 것은 프로그램의 내용, 목적, 방법이 유아와 초등 학습과정과 연결되어야 한다는 것이다. 몬테소리의 프로그램은 연계성이라는 특징을 가지고 있다.

여섯째, 몬테소리 프로그램은 가속화 프로그램의 특성을 가지고 있기 때문에 연계성이 가능하다.

어린이집이나 유치원에 다니는 어린이들은 이미 초등학교 일 학년 수준의 읽기와 셈하기를 할 수 있는 능력을 가지고 있다는 것을 몬테소리가 증명하였다

(Montessori M., 1970). 몬테소리 방법으로 교육받은 어린이들은 학습단계가 다른 어린이들보다 3년 빠른 것을 발견하였다.

1 초등학교 몬테소리 프로그램을 위해 어린이들의 특성을 고려할 점

몬테소리 초등 프로그램을 위해서는 다음과 같은 특성을 고려하면서 적용하여야 한다(Fisgue C., Kraft G., 1996).

첫째, 초등학교 시기의 아동들은 교육의 민감기라는 점이다.

몬테소리 발달이론에서 이 시기는 외적 지향적으로 발달하는 단계이므로 세계를 열 수 있는 열쇠를 넘겨주어야 한다. 세계에 대한 의식이 발달하고 세계에 대한 관심을 가지는 교육의 민감기라는 점을 고려하여야 한다.

둘째, 초등학교 시기는 공간 개념과 시간개념을 넘어서 눈에 보이지 않는 미지의 세계에 대한 도전 정신, 탐구정신을 가지고 사물을 탐색하기 시작하고, 우주에 관한 관심을 가지는 시기이다. 아동들은 세계관과 자아를 문화적으로 확장하는 시기다.

셋째, 아동들의 상상력, 세계 문화 확산, 모든 사물과 생명체에 대한 관심, 자기 존재에 대한 의식, 정체성 등에 대한 관심과 탐색 등을 고려하여야 한다.

넷째, 이 시기는 도덕적 의식이 발달하는 시기이므로 선, 악에 대한 개념, 자유의지, 물음에 대한 답을 스스로 찾으려 노력하는 자세이다.

다섯째, 공동체 활동이나 공동 작업을 하려는 욕구가 발달하는 시기다. 아동들은 조직적이고 제도적인 활동을 통해서 친구들과 공존의 세계를 만들려고 노력한다.

여섯째, 아동들의 상상력을 일깨워줄 수 있는 프로그램을 제공하여야 한다. 아동들은 감각적으로 세계에 대한 신비와 인간에 대한 신비에 강한 상상력을 가지고 있다. 지적 갈증을 풀어줄 수 있는 프로그램이어야 한다. 세계와 사물에 대한 감탄, 경이로움, 미래에 대한 희망, 상상력에 대한 답을 줄 수 있어야 한다.

일곱째, 초등학교 어린이들을 위한 프로그램의 교육내용, 방법, 목적은 무엇이든 그들에게 내재적 동기의 가능성을 부여한다. 유아기는 교육을 위해서 터전을 기름지게 만드는 시기라면 초등 시기는 기름진 땅에 씨앗을 뿌리는 단계라고 말한다

(Fisgus C., Kraft G., Ich freue mich schon auf morgen..., 19). 프로그램에서는 발달 단계를 고려하여야 한다. 아동 자신이 씨앗을 받아들일 준비가 되어 있지 않으면 좋은 열매를 맺을 수 없다. 즉 정상화보다는 이탈된 행동을 하게 된다.

교육내용은 획일적인 것이 아니라 다양한 재료를 제공하여 스스로 선택하여 잘 보육되어진 자기 마음과 몸 속에 뿌려진 씨앗을 훌륭하게 자라도록 만든 것이다. 모든 지식을 모든 아동들이 모든 방법으로 적용하여야 한다.

여덟째, 세부적인 사항에서 전체적인 사항의 방법으로 제시한다. 초등시기의 아동들에게는 광범위한 질문에 광범위한 대답을 줌으로써 포괄적으로 세계를 이해하기 시작한다. 아동들에게 전체를 볼 수 있는 시각을 주어야 한다. 예를 들면 몬테소리교실은 하나의 커다란 학습자루가 될 수 있다. 커다란 자루 속에서 아동의 자유로운 선택의 폭을 넓혀주는 것이다.

초등 몬테소리 교구

(4) 노인 치료프로그램

몬테소리 치료교육학은 이따르드(Séguin, Itard)를 거쳐서 몬테소리로 이어지면서 치료 교육학의 한 지류를 이루고 있다. 몬테소리는 정신지체아에 관심을 가지고 임상치료방법을 적용하던 중 정상아에게도 적용이 가능하다는 사실을 발견한다. 최근 신 몬테소리학파들은 그녀의 교육방법을 전 발달과정에 적용하려는 시도와 더불어 치료교육학으로서 의미를 부여한다. 몬테소리의 정상화 원리와 자동수정의 원리 그리고 개별학습 원리는 바로 치료교육학의 원리가 된다. 몬테소리가 정상화 개념을 어린이들에게 적용한 것처럼 치료 교육학에 적용할 수 있는 방법을 연구한 것이다.

몬테소리의 '나 스스로 할 수 있도록 나를 도와주세요.' 라는 기본적인 원리는 단지 어린이들에게만 제한되는 것이 아니라, 치료를 필요로 하는 노인들의 활동에 적절한 방법이다(조성자, 2002).

어린이들은 아직 발달되지 않는 잠재능력을 발달시켜 인간화로 만들어가는 과정이라면 노인은 이미 발달된 모든 능력들이 뇌에 손상을 입어 기억력을 상실해 치료를 필요로 하는 것이다. 몬테소리의 치료학은 어린이들의 작업-활동을 중요시하여 그들의 정신 현상을 모두 개발하여 정상화로 인도한다면, 치료 노인들은 혼자서 해낼 수는 없지만 그들이 원하는 곳으로 치료 교사가 안내해 주는 것이 치료의 목적이 된다(조성자, 2002).

그러므로 치료노인들을 교육한다(Educare)가 아니라 그들이 원하는 곳으로 안내한다(Guidare, Führen)라는 신념을 가진다. 치료 노인을 위해 봉사한다는 개념에서 그들을 치료한다는 개념으로 의식을 바꾸는 것이다. 몬테소리의 이러한 노력의 중심에는 항상 **준비된 환경**과 연결된다. 그녀의 전반적인 교육개념에서 진단적 의미를 가지는 경향이 곳곳에 스며있다. 젊은이든, 노인이든, 신체적으로 비만한 강자이든, 약자이든, 지적인 사람이든, 정신적으로 부진한 사람이든 우선적으로 진단하여 관찰하는 자세를 보인다. 이러한 그녀의 자세는 모든 종교와 문화를 초월하여 우주에 존재하는 모든 사람들에게 적용하려고 노력하였다.

몬테소리 치료학은(Montessori-terapia) 동적, 감각적, 사회 정서적, 인식적 학습을 통합하는 데 영향력을 제공한다. 이러한 이론들이 바로 치료교육학 어디에나 적용되는데 특히 노인들의 기억력 훈련을 하는 데 적절한 방법이 된다(조성자, 2002).

1 치료교육학을 위한 준비된 환경

노인들이 거주하는 공간 속에서 준비된 환경으로는 다음과 같은 종류들이 가능한 한 치료노인들이 활용하기에 가장 편리하도록 준비되어 있어야 한다.

- **일상적인 생활에 필요한 물건들** : 가구, 사용하기에 편리한 화장실 배치와 물건들, 개인 또는 공동생활에 필요한 소품들, 침대, 이부자리, 치료 노인들을 위해 쉽게 사용하여 운동이 될 수 있는 물건들(물건 옮기는 수레, 장바구니, 주변을 정리 정돈할 수 있는 간단한 청소도구)
- **치료노인을 위한 작업대** : 공동, 개인 작업을 할 수 있는 책상과 의자, 장애노인을 위한 특수 의자, 신발장, 필요할 때 항상 부를 수 있는 벨 종류
- **치료노인들의 공동생활을 즐길 수 있는 공간** : 공동 생활을 할 수 있는 공간, 만남의 장소, 생일 파티, 방문객 접대, 치료 센터, 훈련장소, 식구들 접대실 내지 환영실, 오락활동.
- **치료를 위한 많은 연습자료**, 사물, 감각을 재생시킬 수 있는 다양한 영역별 교구, 예를 들면, 감각교구, 일상교구, 수 교구, 언어교구, 우주교구들은 필수적인 준비물들이다.

그 이외에 치료노인들을 위한 기억과 감각연습은 일생동안 그들이 가장 많이 사용한 자료들을 교구화하여 활용하는 것이 좋다.

2 치료노인을 위한 정상화 개념

치료노인을 위한 정상화 개념은 새로운 상황, 새로운 공동생활에 적응, 새로운 생활 장소에서 새로운 생활 형태에 대한 훈련들을 통해서 정상적인 생활로 되돌아가는 것이다. 정상화 단계로 이끌어주기 위해서 다음과 같은 사항들을 고려하여야 한다.

- 기억력 훈련이다. 과거의 모든 생활과 기억이 상실되었거나 희미한 상태에 머무르기 때문에 모든 영역별 훈련을 통해서 치료하여야 한다.
- 몬테소리교구를 활용하여 모든 감각적 기능을 치료하여야 한다.
- 치료노인에게 관심을 가져야 한다. 그들에게 가장 어려운 문제는 인간적인 측면에서 소외되고 버림받았고 고독한 생활을 하는 것이다. 모든 훈련이 관심으로부터 출발하여야 한다.
- 모든 자연적 사물과 교구를 통해서 관심을 집중할 수 있도록 물리적 환경과 인적 환경을 배려하여야 한다. 잃어버린 감각을 재생시킬 수 있는 교구 제시, 함께 시장가기, 그들 가족에 대한 정보나누기, 생일이나 결혼기념일 기억하기를 통해서 어떤 것이든, 무엇이든 그들이 최대한으로 관심을 가질 수 있도록 준비된 환경을 마련한다.
- 치료노인들이 매 시간 하루일과 속에서 규칙적이고 질서 있는 작업 활동 또는 생활을 통해서 사회의 구성원으로서, 또는 공동생활을 하는 사람으로서 타인을 배려하는 질서개념과 규칙을 훈련한다.
- 교구를 통해서 외적, 내적 침묵을 통해서 자신의 과거를 가능한 한 기억해 내도록 훈련한다. 치료노인들에게 정상화는 연령이 비슷한 동료 친구들과 함께 심리적인 친교를 통해서 삶에 대한 질을 높이고 아름다운 노년기를 보낼 수 있도록 돕는 것이다.

③ 치료노인을 위한 실제적인 영역

몬테소리의 치료노인을 위한 치료교육학은 5개 영역으로 구분할 수 있다.

- **일상생활영역** : 예를 들면, 방문객이 왔을 때, 오후 커피타임에 커피를 끓이고, 따르는 방법 커피 잔, 식탁보, 꽃병, 스푼을 정리 정돈하여 자기 위치에 놓는 것.

이러한 작업은 운동을 훈련시키고, 논리적인 행동순서와 더불어 관심을 집중시키고, 논리적으로 생각하도록 돕는다.

치료노인들은 목적을 가지고 그것이 무엇이든 간에 성취하기 위해서 같은 연습을 반복한다. 치료노인들은 목적을 성취하기 위해서 교구를 함께 사용한다. 어린이들은 즐겁게 작업하고 즐겁게 반복하며, 소근육, 대근육 운동을 하고, 오류를 발견하고 스스로 수정하는 데 비해, 치료노인들은 일정한 목적을 성취하기 위해서 교구를 활용한다. 이러한 점들이 어린이와의 차이점이다.

일상영역 훈련은 일상생활의 재활을 위해서 치료 노인들이 자기 주변에서 가장 쉽게 구할 수 있는 자료와 교구를 구하면 이상적이다.

예를 들어 각설탕 옮기기는 집게를 활용하여 각설탕을 갑에서 꺼내어 옆에 준비된 그릇에 옮기는 것이다. 목적은 눈과 손의 협응능력, 근육조절능력이다.

- **감각영역** : 치료노인을 위한 감각훈련은 청각 병, 후각 병, 모래카드 등이다. 치료노인을 위한 감각교구는 감각기관을 재활시키는 운동에 도움을 준다. 치료노인들은 감각교구에서 얻은 지식을 주변의 환경 속에서 찾아 연결시킨다. 예를 들면 소리의 변별능력을 학습한 다음 환경 속에서 체험하도록 한다. 치료노인을 위한 감각훈련을 일상생활과 연결시켜 감각을 발달시키도록 돕는다.
- **수 교구** : 예를 들면 수 막대, 주판, 비즈, 몬테소리 수영역 교구로 치료 노인들에게 수 개념과 계산되는 과정을 정확하게 보이면서 노인들은 신뢰하게 되고, 수에 대한 정확한 개념을 가지게 된다. 치료노인들의 문제점은 장기 기억력과 단기 기억력에 달려 있다. 치료노인들이 참을성 있게 수 교구와 연습함으로써 기억력과 소근육을 재생시킬 수 있다.
- **언어영역** : 치료노인들에게 모래글자와 낱말카드를 제시한다. 치료노인들은 언어를 구사하고 다양한 낱말로 연결된 놀이를 즐긴다. 치료노인들은 글자를 쓸 수 있고 고전 글씨체로 써보기도 하고, 흥미로운 동화, 시를 쓰는 훈련을 한다. 치료노인들의 정신과 육체를 완전하게 재생시키고 근육을 자유롭게 움직일 수 있도록 재생시킨다.

- **우주영역** : 치료노인들에게 우주 영역은 다른 분야의 모든 지식들을 재생시키는 역할을 한다. 자기 집 주소알기, 자기 가족 알기, 자기와 이웃 알기, 우주 그리고 전체에 대한 관계를 알려준다. 생명체와 무생명체의 관계, 동식물들을 보호하고 기르기를 직접 경험할 수 있는 환경을 제공한다.

치료노인들은 우주와의 전-관계 속에 자기가 일부분이라는 것을 인식하게 된다. 노인들은 우주 속에서 다시 자기의 위치를 발견하려고 노력하고, 자기의 역할인 일자리를 찾아서 독립적이고 자율적이고, 책임감 있는 행동을 할 수 있도록 지도하고 혼자서 독립적으로 생활할 수 있도록 훈련한다. 우주영역의 원리로서 첫째로 대상물에 대한 상황파악을 하여야 한다. 사물을 가지고 활동하는 것과 존재, 사물을 직관하고 사물의 특성을 인식하고 존중하는 훈련을 하여야 한다. 전체성에 대한 의미 파악, 세계에 대한 도덕적 의미로서 인간은 창조의 보존과 완성을 위해서 기여하고 진화과정에 참여하여야 한다(조성자, 2002). 몬테소리치료 교육을 노인들에게 적용할 때 주의할 점들은 치료할 노인들에게 공동체를 만들어 주는 것. 스스로 할 수 있도록 돕는 방법을 중요시 할 것, 새로운 환경에 적응하는 방법과 새로운 상점에서 문제를 해결할 수 있는 능력을 훈련하는 것이다. 치료 노인들은 새로운 환경에 불안해하고 낯선 상점에 가면 즉시 불안해지기 때문에 도움을 필요로 한다.

제2부 누리과정에 근거한 몬테소리 교육과정의 운영

1 몬테소리 교육과정

몬테소리 교육과정은 일반적으로 일상생활영역, 감각영역, 수영역, 언어영역 그리고 문화영역이라고 알려진 우주영역으로 나누어진다. 각 영역별 내용을 살펴보면 다음과 같다.

1) 일상생활영역

몬테소리 일상생활영역의 교구들은 아이들이 일상생활의 활동들을 제대로 할 수 있도록 제공하는 데 목적을 두는 영역이다. 일상생활영역의 교육적 목표는 다음과 같다.

- 유아로 하여금 모든 활동에 대한 동기 부여
- 집중력 향상

- 선택에서 마무리 정리까지 하는 데서 오는 자립심과 책임감 향상
- 순서에 대한 감각을 익혀 논리적 사고력 발전
- 섬세한 집중력 강화
- 눈과 손의 협응력
- 읽기와 쓰기의 준비과정
- 일상생활의 필요한 기능습득

일반적으로 몬테소리 교육의 일상생활영역에서 기대되는 활동들은 다음과 같이 분류할 수 있다.

- 자신에 대한 배려
- 환경에 대한 배려
- 사회적 관계에 대한 배려
- 활동의 조정과 분석

(3) 일상생활 훈련의 제시요령 및 형태

일상생활 훈련에서 일반적으로 요구되는 교사의 제시요령 및 형태를 살펴보면 다음과 같다.

① 제시방법

유아가 처음 유치원에 입학할 당시 몬테소리 교육과정의 개인 활동을 제외한 유아의 모든 활동은 교사의 모범 제시를 필요로 한다. 그것은 작업질서를 시범하기 위해서, 또는 유아에게 어렵다고 생각되는 동작을 논리적으로 분석하여 제시해줌으로써 유아가 혼자 할 수 있도록 하기 위한 것이다.

② 형태

- 대그룹 제시(사회생활 적응을 위한 활동)
- 소그룹 제시(2~3명)
- 개인 제시

2) 감각영역

몬테소리 감각 교육의 기초는 그 당시 장애아 교육의 선구자인 이타르와 세강의 영향을 받았고, 분트의 기초 실천심리학으로부터의 영향을 받았다. 몬테소리는 "감각의 훈련은 반복 작업에 의해 획득된다."라고 주장하며 어린이의 손을 외계 환경으로부터 받아들이는 지성의 출입구로서 중요시하면서 손으로 만지는 '교구'에 큰 의미를 두고 있다. 몬테소리 감각 교육은 그 '교구'에 의해서 실천되도록 고안되어 있으며 그 교육적 의의는 다음과 같다.

첫째, 생물학적 관점에서 유아기의 감각을 발달시켜 자발적인 활동력이 발달되고 이 시기에 폭발적으로 얻게 되는 지력의 발달을 이루어 정상화에 이르게 하는 것에 그 의의를 둔다.

둘째, 사회학적 관점에서 인격형성을 위해서이다.

감각작업의 내용을 살펴보면 다음과 같다.

- 시각교구 : 꼭지원기둥, 분홍탑, 갈색계단, 빨간막대, 색판 I·II·III, 기하도형 서랍과 카드, 나뭇잎도형 서랍과 카드, 구성 삼각형 사각형 상자 I, 구성 삼각형 사각형 상자 II, 구성 삼각형 삼각형 상자, 구성 삼각형 큰 육각형 상자, 구성 삼각형 작은 육각형 상자, 색원기둥, 이항식, 삼항식, 십항식(피타고라스판), 기하도형 겹치기
- 청각교구 : 소리상자, 음감벨

- 촉각교구 : 촉각판 Ⅰ, 촉각판 Ⅱ, 촉각판 Ⅲ, 촉각판 Ⅳ, 옷감짝맞추기
- 미각교구 : 미각병
- 후각교구 : 후각병
- 복합감각교구 : 온도변별병, 온도변별판, 무게변별판, 기하입체, 비밀주머니, 압각봉

감각교구의 특징을 살펴보면 첫째, 교구는 자유롭게 운반 가능하며 그 활동에 맞는 적절한 상태로 이동할 수 있도록 되어 있다. 둘째, 교재와 교구는 매력적이며 아름다워야 한다. 셋째, 교구는 너무 많은 양이 제공되어서는 안 되며 양적 제한이 필요하다. 마지막으로, 자유를 부여받은 어린이는 자신의 활동에 대해 책임지고 스스로 평가하는 과정이 필요하다.

몬테소리에 의하면 감각교육은 많은 효과가 있다. 그것을 정리하여 보면 첫째, 유아가 독립한다. 둘째, 대근육과 소근육이 조화를 이룰 수 있다. 셋째, 지각력이 증가한다. 넷째, 질서감이 발달한다. 다섯째, 사회성이 발달한다. 여섯째, 스스로의 훈련을 통해 자기 자신의 교육이 가능하다. 일곱째, 보다 추상적인 사고력이 발달한다. 마지막으로, 감각기관→신경중추→운동기관이라는 일련의 현상을 통하여 개인의 자연스런 발달을 돕게 되며, 자신에 대한 원만한 인격을 발달시켜 정상화된 어린이가 된다.

3) 수영역

몬테소리는 수 교육의 중요성에 대해 다음과 같이 말하고 있다. "읽고 쓰는 것은 문화 습득의 기본으로 이것 없이는 문화의 습득을 할 수 없다(중략). 그리고 문화의 별도의 측면이 있다. 그것은 수학의 분야이다." 또한, 몬테소리 수 교육과 감각

교육은 매우 중요한 관련성을 가진다. 즉, 감각에 따라 감각 기관의 요소가 되는 세 가지 조작을 기초로 해서 분석력, 논리력, 통합력 등을 익히게 된다. 여기서 세 가지 조작이란 짝짓기(대응), 서열화, 분류화이다. 이런 조작이 감각 기관을 반복 자극해서 수 개념을 위한 논리적 사고를 익히게 하는 것이다.

수작업의 내용을 살펴보면 다음과 같다.

- 수영역 1 ~ 10 : 수막대, 모래숫자판, 수막대와 숫자판, 셈막대와 셈막대 상자, 숫자와 빨간 알
- 십진법의 소개 : 금색구슬 - 자리수 익히기, 자리수의 구성, 자리수의 진열
  숫자카드 - 숫자상징(기호) 소개, 10자리 제시와 세어보기
  금색구슬과 숫자카드 - 양과 수의 일치, 교환게임, 구슬 가르기
- 십진법의 연산 : 금색구슬 - 덧셈, 곱셈, 뺄셈, 나눗셈
  우표놀이 - 덧셈, 곱셈, 뺄셈, 나눗셈
  점찍기 놀이
  작은 색 구슬틀 - 덧셈, 곱셈, 뺄셈
- 연속수의 호칭과 배열 : 색구슬, 세강판 I, 세강판 Ⅱ, 100의 사슬(짧은 사슬)
- 기억에 의한 사칙연산 : 뱀놀이 덧셈, 덧셈판, 덧셈 암산판, 뱀놀이 뺄셈, 뺄셈판, 뺄셈 암산판, 색구슬 곱셈, 곱셈판, 곱셈암산판, 나눗셈판, 나눗셈 암산판

몬테소리 교육과정에 있어서 백미라고 할 수 있는 몬테소리 수 교육의 특징은 다음과 같다. 첫째, 감각 교육이 기초가 된 수 교육이다. 둘째, 수량이 다루어진다. 몬테소리 교실에서의 수 교육은 반드시 '양'에서부터 시작된다. 셋째, 수량과 숫자와 수사의 세 가지 관계를 중시한다. 넷째, 3단계 명칭 연습을 사용한다. 다섯째, 숫자는 아라비아 숫자를 쓴다. 여섯째, 0의 개념과 십진법 및 연산을 중시한다. 일곱째, 기준 수를 5가 아닌 10으로 한다(십진법 사용). 여덟째, 수의 자릿수를 정하는 방법을 배우거나 수를 계산하기 쉽게 하기 위해 수 교구의 숫자에 색을 칠해 놓았다. 아

홉째, 수 교구 조작은 기본 과정을 거치고 나서 통합으로 전개되고 있다. 마지막으로, 몬테소리 수 교육 과정도 하나의 흐름을 가진다.

4) 언어영역

언어교육에 대해서 몬테소리는 언어는 생득적인 것이 아니고 환경의 영향이나 교육에 의해 단계적으로 발달해 간다고 보고 '어린이는 자신의 환경의 언어를 말하는 것이다.'라고 주장했다. 그러므로 몬테소리는 언어교육에 있어서 실제의 사물을 경험시키는 것에 의해 언어를 가르치고 올바른 개념을 구성시켜 어휘를 넓히도록 권장했다.

몬테소리 언어 교육의 특징과 목적을 살펴보면 첫째, 유아기의 심신 활동, 발달을 중요시 하고 있다. 둘째, 유아에게는 언어에 대한 위대한 정신 능력이 있음을 전제로 한다. 셋째, 단순한 교육학적 입장만이 아니고 생리적, 심리학적 관점에 관한 연구에 기반한 교수내용으로 체계적이다. 넷째, 조기에도 지적인 활동이 가능하다고 본다. 다섯째, 교육 내용이 조직화 되어 있다. 여섯째, 언어교육을 통해서 인격완성을 도모해 간다. 일곱째, 자발적으로 작업을 할 수 있도록 흥미나 경향을 잘 고려하여 작업이 전개되고 있다. 마지막으로, 쓰기작업이 읽기 작업보다 선행된다.

이러한 특징을 바탕으로 요구되어지는 언어영역 작업을 알아보면 다음과 같다.

- ▶ 말하기·듣기 : 어휘력 확장, 사물의 명칭, 감각영역 교구알기, 그림카드, 언어훈련, 이야기 들려주기, 동시와 시조, 발표하기
- ▶ 쓰기 : 소리게임, 모래종이 글자, 움직이는 자·모음, 철판도형, 쓰기의 실제
- ▶ 읽기 : 음성사물상자, 경음사물상자, 단어연구, 정의연습
- ▶ 문법 : 명사, 형용사, 동사, 조사, 대명사, 수사, 부사, 접속사, 감탄사

▶ 문장분석 : 문장의 구성

5) 우주영역

우주는 우리들만의 것이 아니고 다음 세대에 전해지게 되는 것이며, 역사와 깊은 관계를 갖고 있다. 우주교육에서의 활동은 인간의 경향(tendencies of man)과 각 경향에 해당하는 다양한 요인들로 구성된다.

몬테소리 실기영역에서 다루는 일상생활 연습, 감각교육, 언어교육, 수교육과 관련된 것과 이외의 모든 것은 우주영역에 포함된다.

여기에는 지리, 역사, 생물, 과학, 종교, 예술(음악, 미술), 의·식·주, 체육, 문화, 오락, 건축 등 문화적인 요인들이 포함되며 우주에 대한 이해 없이는 지식구성이 이루어질 수 없다는 입장이다.

우주영역에서 제시하는 목적을 살펴보면 다음과 같다.

첫째, 인간이 이전에 살아왔던 방법과 현재 살고 있는 방법을 이해하게 한다.

둘째, 어린이가 성인의 세계를 인식하고 세계의 모든 양상을 시험해 볼 수 있는 기회를 제공한다.

셋째, 사회적 태도 속에서 개인이 행해야 할 태도를 이해하게 한다.

넷째, 특별한 역사의 인식과 역사의 흐름에 대해 이해하게 한다.

다섯째, 문화적 의미를 표현할 수 있는 느낌을 발달시킨다.

여섯째, 미술, 음악, 건축 양식, 조각 등을 통해 자신의 감상느낌을 표현할 수 있게 한다.

일곱째, 지리에 관한 학습을 가능하게 한다.

여덟째, 인간이 환경에 적응하고 살아가는 데 필요한 요인들을 인식하도록 한다.

우주영역작업 내용은 다음과 같다.

- 지리영역 : 땅·물·공기, 지형틀, 모래지구본, 색지구본, 세계지도 퍼즐, 동반구·서반구, 대륙퍼즐, 우리나라지도 퍼즐
- 역사영역 : 과거·현재·미래, 옷의 역사, 도구의 역사, 집의 역사, 가족의 역사, 나의 역사, 1년
- 동물영역 : 생물·무생물 분류, 동·식물의 분류, 파충류, 어류, 조류, 양서류, 척추동물, 무척추동물, 동물 퍼즐, 땅에 사는 동물, 바다에 사는 동물, 하늘에 사는 동물
- 식물영역 : 나무퍼즐, 잎의 종류, 나뭇잎 퍼즐, 대륙별 식물
- 종교영역 : 전례력, 주의 기도, 착한 목자, 만다라 그리기
- 천체영역 : 태양계, 별자리, 달

2 누리교육과정

누리과정이란 우리나라 만 3~5세 어린이라면 어린이집이나 유치원 어느 기관에 다녀도 누구나 꿈과 희망을 마음껏 누릴 수 있도록 국가가 공정한 보육·교육 기회를 보장하기 위해 공통의 보육·교육과정을 제공하고자 하는 국가정책을 말한다. 누리과정에 대해서 살펴보면 다음과 같다.

1) 누리교육과정 구성방향

누리교육과정의 구성방향은 다음과 같다.

가. 질서, 배려, 협력 등 기본생활습관과 바른 인성을 기르는 데 중점을 두어 구성한다.

나. 자율성과 창의성을 기르는 데 중점을 두고, 전인발달을 이루도록 구성한다.

다. 사람과 자연을 존중하고, 우리 문화를 이해하는 데 중점을 두어 구성한다.

라. 만 3~5세아의 발달 특성을 고려하여 연령별로 구성한다.

마. 신체운동·건강, 의사소통, 사회관계, 예술경험, 자연탐구의 5개 영역을 중심으로 구성한다.

바. 초등학교 교육과정과 0~2세 표준보육과정과의 연계성을 고려하여 구성한다.

2) 누리교육과정 목적

누리과정은 만 3~5세 유아의 심신의 건강과 조화로운 발달을 도와 민주 시민의 기초를 형성하는 것을 목적으로 한다.

3) 누리교육과정 목표

누리교육과정의 교육목표는 다음과 같다.

가. 기본운동능력과 건강하고 안전한 생활습관을 기른다.

나. 일상생활에 필요한 의사소통 능력과 바른 언어사용 습관을 기른다.

다. 자신을 존중하고 다른 사람과 더불어 생활하는 능력과 태도를 기른다.

라. 아름다움에 관심을 가지고 예술 경험을 즐기며, 창의적으로 표현하는 능력을 기른다.

마. 호기심을 가지고 주변세계를 탐구하며, 일상생활에서 수학적·과학적으로 생각하는 능력과 태도를 기른다.

4) 누리교육과정 편성

누리교육과정 운영을 위한 편성기준은 다음과 같다.

가. 1일 3~5시간을 기준으로 편성한다.

나. 5개 영역의 내용을 균형 있게 통합적으로 편성한다.

다. 유아의 발달 특성 및 경험을 고려하여 놀이를 중심으로 편성한다.

라. 반(학급) 특성에 따라 융통성 있게 편성한다.

마. 성별, 종교, 신체적 특성, 가족 및 민족 배경 등으로 인한 편견이 없도록 편성한다.

바. 일과 운영 시간에 따라 심화 확장할 수 있도록 편성한다.

5) 누리교육과정 운영

누리교육과정은 다음 사항에 의거하여 운영한다.

가. 연간, 월간, 주간, 일일 계획에 의거하여 운영한다.

나. 실내·외 환경을 다양한 흥미 영역으로 구성하여 운영한다.

다. 유아의 능력과 장애정도에 따라 조정하여 운영한다.

라. 부모와 각 기관의 실정에 따라 부모교육을 실시한다.

마. 가정과 지역사회와의 협력과 참여에 기반하여 운영한다.

바. 교사 재교육을 통해서 누리과정 활동이 개선되도록 운영한다.

6) 누리과정의 영역별 내용

누리과정의 각 영역별 내용을 간단히 살펴보면 다음과 같다.

— 신체운동·건강

• 내용체계

영역	내용 범주	내용
신체운동·건강	신체 인식하기	• 감각능력 기르고 활용하기 • 신체를 인식하고 움직이기
	신체 조절과 기본 운동하기	• 신체 조절하기 • 기본 운동하기
	신체 활동에 참여하기	• 자발적으로 신체 활동에 참여하기 • 바깥에서 신체 활동하기 • 기구를 이용하여 신체 활동하기
	건강하게 생활하기	• 몸과 주변을 깨끗이하기 • 바른 식생활하기 • 건강한 일상생활하기 • 질병 예방하기
	안전하게 생활하기	• 안전하게 놀이하기 • 교통안전 규칙 지키기 • 비상 시 적절히 대처하기

의사소통

• 내용체계

영역	내용 범주	내용
의사소통	듣기	• 낱말과 문장 듣고 이해하기 • 이야기 듣고 이해하기 • 동요, 동시, 동화 듣고 이해하기 • 바른 태도로 듣기
	말하기	• 낱말과 문장으로 말하기 • 느낌, 생각, 경험 말하기 • 상황에 맞게 바른 태도로 말하기
	읽기	• 읽기에 흥미 가지기 • 책 읽기에 관심 가지기
	쓰기	• 쓰기에 관심 가지기 • 쓰기 도구 사용하기

사회관계

• 내용체계

영역	내용 범주	내용
사회관계	나를 알고 존중하기	• 나를 알고, 소중히 여기기 • 나의 일 스스로 하기
	나와 다른 사람의 감정 알고 조절하기	• 나와 다른 사람의 감정 알고 표현하기 • 나의 감정 조절하기
	가족을 소중히 여기기	• 가족과 화목하게 지내기 • 가족과 협력하기
	다른 사람과 더불어 생활하기	• 친구와 사이좋게 지내기 • 공동체에서 화목하게 지내기 • 사회적 가치를 알고 지키기
	사회에 관심 갖기	• 지역사회에 관심 갖고 이해하기 • 우리나라에 관심 갖고 이해하기 • 세계와 여러 문화에 관심 가지기

예술경험

• 내용체계

영역	내용 범주	내용
예술경험	아름다움 찾아보기	• 음악적 요소 탐색하기 • 움직임과 춤 요소 탐색하기 • 미술적 요소 탐색하기
	예술적 표현하기	• 음악으로 표현하기 • 움직임과 춤으로 표현하기 • 미술 활동으로 표현하기 • 극놀이로 표현하기 • 통합적으로 표현하기
	예술 감상하기	• 다양한 예술 감상하기 • 전통예술 감상하기

자연탐구

• 내용체계

영역	내용 범주	내용
자연탐구	탐구하는 태도 기르기	• 호기심을 유지하고 확장하기 • 탐구과정 즐기기 • 탐구기술 활용하기
	수학적 탐구하기	• 수와 연산의 기초개념 알아보기 • 공간과 도형의 기초개념 알아보기 • 기초적인 측정하기 • 규칙성 이해하기 • 기초적인 자료 수집과 결과 나타내기
	과학적 탐구하기	• 물체와 물질 알아보기 • 생명체와 자연환경 알아보기 • 자연현상 알아보기 • 간단한 도구와 기계 활용하기

3 누리과정에 근거한 몬테소리 교육과정의 운영

1) 누리과정과 몬테소리 교육과정의 영역 비교

누리과정의 각 영역과 몬테소리 교육과정에서 연계되는 영역을 살펴보면 다음 표와 같다.

신체운동·건강

영역	내용 범주	내용	관련 몬테소리 영역
신체운동·건강	신체 인식하기	• 감각능력 기르고 활용하기 • 신체를 인식하고 움직이기	• 감각영역 • 수영역
	신체 조절과 기본 운동하기	• 신체 조절하기 • 기본 운동하기	• 감각영역 • 수영역
	신체 활동에 참여하기	• 자발적으로 신체 활동에 참여하기 • 바깥에서 신체 활동하기 • 기구를 이용하여 신체 활동하기	• 감각영역 • 수영역 • 우주영역
	건강하게 생활하기	• 몸과 주변을 깨끗이 하기 • 바른 식생활하기 • 건강한 일상생활하기 • 질병 예방하기	• 감각영역 • 수영역 • 우주영역
	안전하게 생활하기	• 안전하게 놀이하기 • 교통안전 규칙 지키기 • 비상 시 적절히 대처하기	• 일상영역 • 우주영역

의사소통

영역	내용 범주	내용	관련 몬테소리 영역
의사소통	듣기	• 낱말과 문장 듣고 이해하기 • 이야기 듣고 이해하기 • 동요, 동시, 동화 듣고 이해하기 • 바른 태도로 듣기	• 일상영역 • 언어영역
	말하기	• 낱말과 문장으로 말하기 • 느낌, 생각, 경험 말하기 • 상황에 맞게 바른 태도로 말하기	• 일상영역 • 언어영역
	읽기	• 읽기에 흥미 가지기 • 책 읽기에 관심 가지기	• 언어영역
	쓰기	• 쓰기에 관심 가지기 • 쓰기 도구 사용하기	• 언어영역

사회관계

영역	내용 범주	내용	관련 몬테소리 영역
사회관계	나를 알고 존중하기	• 나를 알고, 소중히 여기기 • 나의 일 스스로 하기	• 일상영역 • 우주영역
	나와 다른 사람의 감정 알고 조절하기	• 나와 다른 사람의 감정 알고 표현하기 • 나의 감정 조절하기	• 일상영역 • 우주영역
	가족을 소중히 여기기	• 가족과 화목하게 지내기 • 가족과 협력하기	• 일상영역 • 우주영역
	다른 사람과 더불어 생활하기	• 친구와 사이좋게 지내기 • 공동체에서 화목하게 지내기 • 사회적 가치를 알고 지키기	• 일상영역 • 우주영역
	사회에 관심 갖기	• 지역사회에 관심 갖고 이해하기 • 우리나라에 관심 갖고 이해하기 • 세계와 여러 문화에 관심 가지기	• 우주영역

예술경험

영역	내용 범주	내용	관련 몬테소리 영역
예술경험	아름다움 찾아보기	• 음악적 요소 탐색하기 • 움직임과 춤 요소 탐색하기 • 미술적 요소 탐색하기	• 감각영역 • 우주영역
	예술적 표현하기	• 음악으로 표현하기 • 움직임과 춤으로 표현하기 • 미술 활동으로 표현하기 • 극놀이로 표현하기 • 통합적으로 표현하기	• 일상영역 • 감각영역 • 우주영역
	예술 감상하기	• 다양한 예술 감상하기 • 전통예술 감상하기	• 우주영역

자연탐구

영역	내용 범주	내용	관련 몬테소리 영역
자연탐구	탐구하는 태도 기르기	• 호기심을 유지하고 확장하기 • 탐구과정 즐기기 • 탐구기술 활용하기	• 우주영역
	수학적 탐구하기	• 수와 연산의 기초개념 알아보기 • 공간과 도형의 기초개념 알아보기 • 기초적인 측정하기 • 규칙성 이해하기 • 기초적인 자료 수집과 결과 나타내기	• 수영역 • 우주영역
	과학적 탐구하기	• 물체와 물질 알아보기 • 생명체와 자연환경 알아보기 • 자연현상 알아보기 • 간단한 도구와 기계 활용하기	• 우주영역

2) 누리과정 내용별 관련 교구 및 활동

누리과정에서 제공하는 각 영역과 관련된 몬테소리활동을 연계해 보면 다음과 같다.

(1) 신체운동·건강영역

기본 운동 능력과 건강하고 안전한 생활 습관을 기르기 위한 신체운동·건강영역은 몬테소리 일상생활영역, 감각영역, 언어영역, 우주영역(지리)과 연계하여 운영할 수 있다. 관련된 활동을 기술하면 다음과 같다.

<table>
<tr><th colspan="2">누리과정</th><th>몬테소리 교육과정</th></tr>
<tr><th colspan="2">신체운동·건강</th><th>일상생활, 감각, 언어, 우주(지리)</th></tr>
<tr><th>내용 범주</th><th>내용</th><th>몬테소리 교구</th></tr>
<tr><td rowspan="3">신체 인식</td><td>감각 능력 기르기</td><td rowspan="2">감각: 색판, 미각병, 후각병, 촉각판</td></tr>
<tr><td>감각기관 활용하기</td></tr>
<tr><td>신체를 인식하고 움직이기</td><td>일상: 소근육 발달교구들</td></tr>
<tr><td rowspan="3">신체 조절과 기본 운동 하기</td><td>신체 조절하기</td><td rowspan="3">일상: 선위 걷기
음악: 소리 듣고 몸으로 표현하기</td></tr>
<tr><td>이동하며 운동하기</td></tr>
<tr><td>제자리에서 운동하기</td></tr>
<tr><td rowspan="3">신체 활동에 참여하기</td><td>자발적으로 신체활동에 참여하기</td><td rowspan="3">일상: 바깥놀이 안전 규칙이해하고 지키기
감각: 분홍탑 응용·변형, 갈색계단 응용·변형, 빨강막대 응용·변형</td></tr>
<tr><td>바깥에서 신체활동하기</td></tr>
<tr><td>기구를 이용하여 신체활동하기</td></tr>
<tr><td rowspan="4">건강하게 생활하기</td><td>몸과 주변을 깨끗이 하기</td><td rowspan="2">일상: 식탁 차리기</td></tr>
<tr><td>바른 식생활 하기</td></tr>
<tr><td>건강한 일상생활 하기</td><td rowspan="2">일상: 손씻기, 빨래하기, 청소하기</td></tr>
<tr><td>질병 예방하기</td></tr>
</table>

누리과정		몬테소리 교육과정
신체운동·건강		일상생활, 감각, 언어, 우주(지리)
내용 범주	내용	몬테소리 교구
안전하게 생활하기	안전하게 놀이하기	일상: 위험한 물건 다루기
	교통안전 규칙 지키기	지리: 교통안전 3단계 카드
	비상 시 적절히 대처하기	언어: 그림보며 이야기 나누기

(2) 의사소통영역

일상생활에서 말과 글의 의미 있는 경험을 통해서 자신의 느낌과 생각, 경험을 타인에게 표현하는 것을 즐기며, 타인이 말과 글로 전달하는 의미를 바르게 이해하는 능력과 태도를 기르기 위한 의사소통영역은 몬테소리 일상생활영역, 언어영역 제시 방법과 연계하여 운영할 수 있다. 관련된 활동을 기술하면 다음과 같다.

누리과정		몬테소리 교육과정
의사소통		일상생활, 언어
내용 범주	내용	관련 몬테소리 교구
듣기	낱말과 문장 듣고 이해하기	언어: 오리엔테이션 게임
	이야기 듣고 이해하기	언어: 동화 듣기
	동요, 동시, 동화 듣고 이해하기	언어: 다양한 듣기 활동
	바른 태도로 듣기	일상: 물건 다루기 언어: 듣기활동
말하기	낱말과 문장으로 말하기	언어: 그림보고 말하기
	느낌, 생각, 경험 말하기	언어: 주말지낸 이야기
	상황에 맞게 바른 태도로 말하기	일상: 다른 사람 이야기 듣기 언어: 그림카드 보고 말하기

누리과정		몬테소리 교육과정
의사소통		언어
내용 범주	내용	관련 몬테소리 교구
읽기	읽기에 흥미 가지기	언어: 그림과 낱말 짝짓기, 모래글자, 시작 음이 같은 단어, 읽기 연습카드, 자모음 합성 읽기, 연습카드, 받침 읽기 연습 카드, 움직이는 글자 등
	책 읽기에 관심 가지기	언어: 문장 읽기, 짧은 책 읽기
쓰기	쓰기에 관심 가지기	언어: 움직이는 글자, 철판도형, 선그리기, 모래글자
	쓰기 도구 사용하기	언어: 글씨 쓰기 연습활동

(3) 사회관계영역

유아가 자신을 알고 소중하게 여기며 가족, 또래와 함께 원만하게 지내는 방법뿐 아니라 공동체에서 함께 살아가는 방법을 익히고 사회에 관심을 가지며 적응해 갈 수 있는 기초능력과 인성을 기르기 위한 영역인 사회관계영역은 몬테소리 영역 중 일상생활영역, 우주영역(지리, 역사, 평화)과 연계하여 운영할 수 있다. 관련된 활동을 기술하면 다음과 같다.

누리과정		몬테소리 교육과정
사회관계		일상생활, 우주(평화, 지리, 역사)
내용 범주	내용	관련 몬테소리 교구
나를 알고 존중하기	나를 알기	역사: 아동의 역사 역사: 가족나무 일상생활 : 옷틀, 머리빗기, 옷입기
	나를 소중히 여기기	
	나의 일 스스로 하기	
나와 다른 사람의 감정 알고 조절하기	나와 다른 사람의 감정 알고 표현하기	평화교육: 감정카드 작업하기 평화교육: 친구랑 사랑을 나누어요
	나의 감정 조절하기	
가족을 소중히 여기기	가족과 화목하게 지내기	역사: 가족나무
	가족과 협력하기	역사: 가족나무
다른 사람과 더불어 생활하기	친구와 사이좋게 지내기	일상생활: 예의 지키기
	공동체에서 화목하게 지내기	평화교육: 사랑을 나누어요
사회에 관심 갖기	지역사회에 관심 갖고 이해하기	지리: 우리동네 알기
	우리나라에 관심 갖고 이해하기	지리: 우리나라의 문화 소개
	세계와 여러 문화에 관심 가지기	지리: 세계 여러나라의 문화 소개 – 대륙별 문화 소개
	사회적 가치를 알고 지키기	평화교육: 동전 모으기 평화교육: 환경보호

(4) 예술경험영역

유아가 친근한 주변 환경에서 발생하는 소리, 음악, 움직임과 춤, 모양과 색 등의 미술 요소에서 아름다움을 느끼고, 또래와 교사, 부모, 지역사회의 주민이나 작가가 표현한 예술작품을 가까이 접하면서, 이를 탐색하고 창의적으로 표현하는 것을 즐기며 감상하기 위한 영역인 예술경험 영역은 몬테소리 일상생활영역, 감각영역, 우주영역(미술, 음악, 지리, 역사)과 연계하여 운영할 수 있다. 관련된 활동을 기술하면 다음과 같다.

누리과정		몬테소리 교육과정
예술경험		일상생활, 감각, 우주(미술, 음악, 지리, 역사)
내용 범주	내용	관련 몬테소리 교구
아름다움 찾아보기	음악적 요소 탐색하기	음악: 음감벨, 소리상자
	움직임과 춤 탐색하기	
	미술적 요소 탐색하기	감각: 색판2, 색판3
가족을 소중히 여기기	음악으로 표현하기	음악: 음감벨로 연주하기
	움직임과 춤 탐색하기	음악: 음감벨을 활용한 소리 높낮이 표현하기
	미술 활동으로 표현하기	미술: 혼합색
	극놀이로 표현하기	일상생활: 극놀이
	통합적으로 표현하기	
다른 사람과 더불어 생활하기	다양한 예술 감상하기	미술: 이달의 명화 및 이달의 음악 감상하기
	전통예술 감상하기	지리, 역사: 우리 것 알기

(5) 자연탐구영역

유아가 자신을 둘러싸고 있는 주변 세계에 대해 호기심을 가지고 궁금한 것을 해소하기 위해 탐구하며, 일상생활에서 부딪치는 현상이나 문제해결을 통해 수학적·과학적으로 생각하는 기초 능력과 태도를 기르기 위한 영역인 자연탐구영역은 몬테소리 일상생활영역, 감각영역, 수영역, 우주영역(동식물학, 역사)과 연계하여 운영할 수 있다. 관련된 활동을 기술하면 다음과 같다.

누리과정		몬테소리 교육과정
자연탐구		일상생활, 감각, 수, 우주(동식물학, 역사)
내용 범주	내용	관련 몬테소리 교구
탐구하는 태도 기르기	호기심을 유지하고 확장하기	동식물학: 생물 키우기 일상생활: 곡식분류하기 동식물학: 나뭇잎 분류하기
	탐구과정 즐기기	
	탐구기술 활용하기	
수학적 탐구하기	수와 연산의 기초개념 형성하기	수영역: 1-10개념소개 교구들, 십진법, 연속수, 은행놀이, 우표놀이 등 사칙연산 교구들
	공간과 도형의 기초개념 형성하기	감각: 기하입체, 기하도형서랍, 구성삼각형, 기하도형 겹치기, 분홍탑, 갈색계단, 꼭지원기둥, 색원기둥, 빨간 막대의 변형, 기하도형겹치기의 변형, 구성삼각형의 변형
	기초적인 측정하기	감각: 무게 변별판, 꼭지 원기둥, 분홍탑, 갈색계단, 색원기둥, 빨간막대, 수막대
	규칙성 이해하기	감각: 분홍탑, 갈색계단, 꼭지원기둥
	기초적인 자료수집과 결과 나타내기	수영역: 수막대
다른 사람과 더불어 생활하기	물체와 물질 알아보기	
	생명체와 자연환경 알아보기	동식물학: 동물의 분류, 동물의 3단계 카드, 동물의 특성알기, 식물의 분류, 식물의 3단계 카드, 식물의 성장과정, 잎의 분류, 잎상자 서랍 등
	자연현상 알아보기	지리: 땅, 물, 공기, 지형틀, 1년 4계절 소개, 하루소개, 낮과 밤 소개
	간단한 도구와 기계 활용하기	역사: 물건의 발달과정, 과거, 현재, 미래

4 교육과정 운영의 실제

몬테소리 교육과정인 5개 영역을 누리과정의 11개 생활주제를 활용하여 서로 연계될 수 있도록 하였으며 생활주제별 활동에 따라 교육과정을 전개할 수 있도록 월간교육계획안, 주간교육계획안과 일일교육계획안을 구성하였다. 이에 따른 구체적인 예시안을 제시하면 다음과 같다.

1) 연간교육계획안

연간교육계획안은 누리과정 교사용 지도서의 내용을 넣되 운영 월은 기관에 따라 탄력적으로 운영하고 있다. 7월의 경우, 여름단원이 먼저 들어가서 더운 여름 날씨에 대해 알아보고 시원하게 지낼 수 있는 다양한 활동을 안전하고 건강하게 활용하는 법을 알 수 있도록 계획하는 것이 적절하다. 몬테소리 교육활동을 누리과정에 근거하여 전개할 수 있는 만 4세 연간교육계획안의 예시를 제시하면 다음과 같다.

연간교육계획안 예시

〈만 4세 누리과정〉

월	생활주제	주	주제	몬테소리교육 활동
3	유치원/어린이집과 친구	1 2 3 4	유치원/어린이집의 환경 유치원/어린이집에서의 하루 유치원/어린이집에서 만난 친구 함께 만드는 유치원/어린이집	- 일상: 신발, 가방 벗어 제자리에 넣기, 옷 입고 벗기, 책상과 의자 사용하기 - 감각: 분홍탑 쌓기 - 수: 친구 수 헤아려보기, 수막대 10 만들기, 나와 친구 패턴 만들기 - 언어: 교실에 있는 물건이름 알아보기, 자기 소개하기, 표정 매칭하기 - 우주: 즐거운 유치원/어린이집의 하루일과
4	봄이 되었어요	1 2 3 4	봄의 날씨 따뜻한 봄의 풍경 봄에 피는 꽃 봄에 깨어나는 동물	- 일상: 스스로 옷 입고 벗기, 씨앗 옮기기, 봄 동물(빨래집게), 나뭇잎 닦기. - 감각: 색원기둥으로 꽃밭을 꾸며요 - 수: 봄에 피는 꽃잎 세기, 나뭇잎 분류하기 - 언어: 봄에 피는 꽃 짝 맞추기, 따뜻한 봄의 풍경(연상하여 말하기) - 우주: 봄에 깨어나는 동물 분류, 꽃 분석하기
5	나와 가족 / 우리동네	1 2 3 4	소중한 나 행복한 가족 우리 동네 사람들 우리 동네 사람들의 모습과 생활	- 일상: 이닦기, 화장실 사용하기, 머리빗기, 옷틀, 예절 (바르게 인사하는 법) - 감각:엄마의 목걸이 - 수:우리 가족은 몇 명일까? - 언어:어른께 존댓말을 써요, 집에서 사용하는 물건 흑백 그림 맞추기 - 우주:자연물로 우리가족을 소개해요, 어미와 새끼 짝 맞추기, 우리동네 지도, 나의 역사, 나의 몸(외부기관, 몸속기관)

월	생활주제	주	주제	몬테소리교육 활동
6	동식물과 자연/ 교통기관	1 2 3 4	동물과 우리의 생활 자연과 더불어 사는 우리 여러 가지 교통기관 교통안전	– 일상: 손씻기, 손톱깎기, 동물 먹이주기, 젓가락으로 꽃 옮기기 – 감각:도형으로 교통기관 만들기 – 수:곰돌이집 수세기 – 언어:교통안전 약속을 지켜요 – 우주:사는 곳이 달라요, 동물의 성장과정, 식물의 성장과정, 동물의 생태연구(어디에서 사는가? 무엇을 먹는가? 등)
7/8	여름/건강과 안전	1 2 3 4 5	여름의 날씨 여름 물놀이 안전한 놀이와 생활 즐거운 운동과 휴식 맛있는 음식과 영양	– 일상: 물놀이 안전하게 하기, 바나나 썰기, 위험한 물건 주고 받기, 뜰채로 물고기 옮기기, 거품만들기 – 감각: 화채 만들기, 미각병(여름과일) – 수:어항 속 물고기 – 언어:운동하기, 운동경기와 운동기구 짝 맞추기 – 우주:물고기 퍼즐, 채소와 과일 분류하기
9	생활도구/가을	1 2 3 4	다양한 생활도구 미래의 생활도구 가을의 날씨 가을의 열매와 곤충	– 일상: 도토리 가을 열매 옮기기, 자물쇠와 열쇠, 빨래하기 – 감각: 나뭇잎도형서랍 – 수:기억놀이 – 언어:도구 그림과 명칭 짝짓기 – 우주:사계절 나무, 가을의 곤충, 옛날 것과 오늘날의 것
10	우리나라	1 2 3 4 5	우리나라사람들의 생활 우리나라 놀이와 예술 우리나라의 역사 우리나라의 자랑거리 세계 속의 우리나라	– 일상:한복 옷 고름매기, 한복 접기, 엽전 끼우기, 우리나라 퍼즐 – 감각:한복 천 짝 맞추기, 우리나라지도 퍼즐 맞추기, 태극기 퍼즐 – 수:전통 문양 패턴 – 언어:풍수도 그림 맞추기 – 우주:우리나라 문화재, 우리나라 전통악기, 우리나라 위인들, 우리나라 유네스코 등록문화재

월	생활주제	주	주제	몬테소리교육 활동
11	세계 여러나라	1 2 3 4	세계 여러 나라 세계여러 나라사람들의생활 세계 여러 나라의 문화유산 세계 여러 나라와의 교류	– 일상: 세계의상 옷 입히기, 월남 쌈 만들기. – 감각:피자 토스트 – 수:마라톤대회 – 언어:세계 여러 나라의 집 – 우주:세계 여러 나라의 국기 퍼즐, 세계 여러 나라의 음식·모자·언어·화폐, 각 대륙별 나라이름·국기 짝 맞추기
12	겨울	1 2 3 4	겨울날씨 겨울풍경 신나는 겨울놀이 감사와 사랑을 나눠요.	–일상: 코풀기, 재채기, 벙어리 장갑 바느질하기, 눈결정체 접어 오리기, 겨울 옷 바느질 –감각:추워요(온각병) –수:얼음구슬 세기 –언어:고마운 분들께 크리스마스 카드 쓰기 –우주:겨울나무, 겨울잠을 자는 동물
1 / 2	환경과 생활 즐거웠던 우리반/ 형님이 되었어요	1 2 1 2 3	물, 돌, 흙, 공기와 우리 생활 환경과 우리 생활 즐거웠던 우리 반 형님이 될 준비를 해요. 설날	– 일상: 돌 닦기, 한복입기, 인형 목욕시키기 – 감각:소리상자 – 수:친구이름 짝짓기, 수막대로 나의 키 재기 – 언어:친구이름 적기, 까치까치 설날은 – 문화:땅·물·공기, 화석·화산 만들기, 공룡이야기, 나의 역사

2) 월간교육계획안

누리과정의 생활주제와 소주제를 근거로 몬테소리 교육과정과 연계하여 살펴보면 자유선택활동에서 감각영역은 쌓기영역, 수·조작영역, 음률영역으로 연계할 수 있으며 일상생활영역은 역할놀이, 수·조작영역으로, 수영역은 수·조작 영역, 언어영역은 언어영역, 우주영역은 과학·미술영역, 음률영역, 수·조작영역으로 연계할 수 있다. 또한 의사소통, 예술경험, 신체운동·건강, 자연탐구, 사회관계를 몬테소리 교육과정과 연계하여 월간을 계획할 수 있다. 몬테소리 교육활동을 누리과정에 근거하여 전개할 수 있는 만 4

세 월간교육계획안의 예시를 제시하면 다음과 같다.

월간교육계획안 예시

〈만 4세 누리과정〉

<table>
<tr><td colspan="2">학급명</td><td colspan="2">○○반</td><td>시기</td><td>2014년 3월 3일~28일</td></tr>
<tr><td colspan="2">생활주제</td><td colspan="4">유치원/어린이집과 친구</td></tr>
<tr><td rowspan="3">활동</td><td>주</td><td>1주</td><td>2주</td><td>3주</td><td>4주</td></tr>
<tr><td>소주제</td><td>유치원/어린이집의 환경</td><td>유치원/어린이집에서의 하루</td><td>우리반 친구와 우리반 선생님</td><td>함께 만드는 유치원/어린이집</td></tr>
<tr><td>목표</td><td>-반 이름과 활동영역의 이름이 가진 의미와 위치를 안다.
-교실은 선생님과 친구들이 함께 지내는 곳임을 안다.
-우리 반에 필요한 약속을 함께 정한다.
-유치원/어린이집에는 나를 도와주시는 어른이 있음을 알고 도움을 요청할 수 있다.</td><td>-유치원의 일과를 알고 즐겁게 생활한다.
-자유선택 활동 시간에 스스로 놀이를 계획하고 선택할 수 있음을 안다.
-바른 태도로 이야기를 들을 수 있다.
-급·간식을 먹을 때 지켜야 할 예절을 알고 지킨다.</td><td>-나와 친구의 비슷한 점과 다른 점에 관심을 갖고 알아보고 서로를 존중한다.
-다양한 방법으로 친구에게 마음을 전할 수 있다.
-친구의 의견을 존중한다.
-좋은 친구가 되기위해 노력하며 사이좋게 지낸다.</td><td>-우리 유치원/어린이집의 원가, 원훈에 대해 알아본다.
-우리가 정한 규칙을 지킬 수 있다.
-즐겁고 안전하게 놀이하기 위해서 정해진 약속을 지킨다.
-행복한 유치원/어린이집을 만들기 위한 방법과 서로 할 일을 알아보고 지킨다.</td></tr>
</table>

<table>
<tr><td colspan="2">학급명</td><td colspan="2">○○반</td><td>시기</td><td>2014년 3월 3일~28일</td></tr>
<tr><td colspan="2">생활주제</td><td colspan="4">유치원/어린이집과 친구</td></tr>
<tr><td rowspan="6">자유선택활동</td><td>감각
영역</td><td colspan="2">분홍탑 / 꼭지원기둥 / 색원기둥</td><td>쌓기
놀이</td><td>우리 원 꾸미기/
우리 교실 꾸미기</td></tr>
<tr><td>일상
생활
영역</td><td colspan="2">신발 신고 벗기 / 옷 입고 벗기 / 신발 정리하기 / 책상과 의자 사용하기 / 매트 펴고 말기 / 교구활동 시 규칙과 약속하기</td><td>역할
놀이</td><td>도서관 놀이/
우리 원 놀이하기</td></tr>
<tr><td>수영역
우주
영역</td><td colspan="2">친구 수세기 / 작은 수 막대</td><td>수·조작</td><td>하루일과 퍼즐 / 친구얼굴 징검다리 / 친구가 좋아하는 놀이</td></tr>
<tr><td>언어
영역</td><td colspan="2">– 듣기: 소리와 사물의 매칭
– 말하기: 교실의 물건 이름 말하기 / 교실 물건 수수께끼
– 읽기: 친구이름카드 읽기 / 친구사진과 이름 짝 맞추기
– 쓰기: 놀이영역 약속액자 만들기</td><td>언어</td><td>친구마음 표정 짓기 / 놀이 영역 약속통장</td></tr>
<tr><td>우주
감각
영역</td><td colspan="2">유치원, 어린이집의 하루일과 / 시계/음감벨 소리 듣고 같은 소리 짝 맞추기</td><td>과학
미술
음률</td><td>신기하고 재미있는 안경놀이 /친구반쪽 얼굴 / 주머니 속의 보물은?/악기소리 듣고 맞추어보세요</td></tr>
<tr></tr>
<tr><td>활동</td><td>주</td><td>1주</td><td>2주</td><td>3주</td><td>4주</td></tr>
<tr><td rowspan="4">대·소집단활동</td><td>이야기
나누기</td><td>내 옷, 가방과 신발을 정리해요 / 바르게 인사하는 법 / 유치원/어린이집에는 나를 도와주시는 어른이 있어요.</td><td>자유선택활동은 스스로 계획 –놀이 –평가해요 / 바르게 급간식을 먹어요 / 약속을 지켜요.</td><td>친구와 나와 같은 점과 다른 점을 찾아요 / 서로의 마음을 알아요 / 친구를 사귀려면</td><td>유치원, 어린이집이 제일 좋아요 / 행복한 유치원, 어린이집 만들기</td></tr>
<tr><td>의사
소통</td><td colspan="4">놀잇감이 사라졌어요 / 만약 친구가 없다면 / 우리 예쁜 선생님</td></tr>
<tr><td rowspan="2">예술
경험</td><td colspan="4">원가 / 친구하고 마주보고 / 친구야 쉿!</td></tr>
<tr><td colspan="4">유치원, 어린이집 꾸미기 / 약속액자 만들기 / 야채도장으로 친구의 옷 꾸미기</td></tr>
</table>

<table>
<tr><td colspan="2">학급명</td><td colspan="2">○○반</td><td>시기</td><td>2014년 3월 3일~28일</td></tr>
<tr><td colspan="2">생활주제</td><td colspan="4">유치원/어린이집과 친구</td></tr>
<tr><td>활동</td><td>주</td><td>1주</td><td>2주</td><td>3주</td><td>4주</td></tr>
<tr><td rowspan="3">대·소집단활동</td><td>신체운동·건강</td><td colspan="4">길 따라 걷기-선 위 걷기 / 친구하고 마주보고 / 비누거품 되어보기</td></tr>
<tr><td>자연탐구</td><td colspan="4">릴레이 기차놀이 / 놀잇감을 찾아 정리해요 / 말하는 친구 누구인지 알아 맞추기 / 시계</td></tr>
<tr><td>사회관계</td><td colspan="4">옷입고 벗기, 의자·책상 사용하기, 신발 정리하기, 즐거운 유치원/어린이집에서의 하루일과</td></tr>
<tr><td colspan="2" rowspan="2">기본생활습관</td><td colspan="4">[질서] 줄을 설 수 있어요. [예절] 원에서 지켜야 할 약속을 알아요.</td></tr>
<tr><td colspan="4">[인성] 친구를 위해 양보할 수 있어요. [청결] 우리 교실을 깨끗이 해요.</td></tr>
<tr><td colspan="2" rowspan="2">안전교육</td><td colspan="4">[생활안전] 교실에서의 안전 [교통안전] 차를 안전하게 타요.</td></tr>
<tr><td colspan="4">[약물오남용] 위험한 약물 [소방안전] 불이란?</td></tr>
<tr><td colspan="2">가정연계활동</td><td colspan="4">우리집과 유치원/어린이집에 있는 같은 물건 찾기</td></tr>
</table>

3) 주간교육계획안

몬테소리 교육활동을 누리과정에 근거하여 전개할 수 있는 만 4세 주간교육계획안의 예시를 제시하면 다음과 같다.

주간교육계획안 예시

〈만 4세 누리과정〉

<table>
<tr><td colspan="3">학급명</td><td colspan="3">○○반</td><td>시기</td><td>2014년 3월 3일~7일</td></tr>
<tr><td colspan="3">생활주제</td><td colspan="3">어린이집과 친구</td><td>주제</td><td>유치원의 환경</td></tr>
<tr><td colspan="3" rowspan="2">목표</td><td colspan="5">• 유치원이라는 새로운 환경에 적응할 수 있다.</td></tr>
<tr><td colspan="5">• 유아가 유치원과 교실, 함께 지내는 사람들, 시설물에 대해 안다.</td></tr>
<tr><td colspan="3">요일
구분</td><td>3일(월)</td><td>4일(화)</td><td>5일(수)</td><td>6일(목)</td><td>7일(금)</td></tr>
<tr><td colspan="3">소주제</td><td>우리 반 이름과 교실 알아보기</td><td>유치원/어린이집 돌아보기</td><td>시설물 사용방법 알아보기</td><td colspan="2">유치원에서 함께 지내는 사람들 알아보기</td></tr>
<tr><td rowspan="5">자유선택활동</td><td>쌓기놀이</td><td>감각</td><td colspan="5">분홍탑 1</td></tr>
<tr><td>역할놀이</td><td>일상</td><td>신발 신고 벗기</td><td>신발 제자리 넣기</td><td>의자 운반하기</td><td>옷 입고 벗기</td><td>다양한 선위 걷기</td></tr>
<tr><td>수·조작</td><td>수</td><td></td><td>친구 수세기</td><td>교실 안 밖에 있는 물건 분류하기</td><td></td><td></td></tr>
<tr><td>언어</td><td>언어</td><td>우리 반 이름 알아보기</td><td></td><td>교실 물건 수수께끼</td><td></td><td>몬테소리 영역 이름 알아보기</td></tr>
<tr><td>과학
미술
음률</td><td>우주
감각</td><td>음감벨 탐색하기</td><td>약속액자 만들기</td><td></td><td>분홍탑 정글짐
같은 음감벨 소리를 찾아요.</td><td>시계</td></tr>
</table>

<table>
<tr><td colspan="2">학급명</td><td colspan="2">○○반</td><td>시기</td><td colspan="2">2014년 3월 3일~7일</td></tr>
<tr><td colspan="2">생활주제</td><td colspan="2">어린이집과 친구</td><td>주제</td><td colspan="2">유치원의 환경</td></tr>
<tr><td colspan="2" rowspan="2">목표</td><td colspan="5">• 유치원이라는 새로운 환경에 적응할 수 있다.</td></tr>
<tr><td colspan="5">• 유아가 유치원과 교실, 함께 지내는 사람들, 시설물에 대해 안다.</td></tr>
<tr><td colspan="2">요일
구분</td><td>3일(월)</td><td>4일(화)</td><td>5일(수)</td><td>6일(목)</td><td>7일(금)</td></tr>
<tr><td rowspan="6">대·소집단활동</td><td>이야기 나누기</td><td>반 이름의 의미를 알아 보아요</td><td>유치원을 돌아 보아요</td><td>우리 반에 필요한 약속을 정해요</td><td>유치원에서 함께 지내는 사람들이에요</td><td>양보와 배려가 필요한 상황이에요</td></tr>
<tr><td>의사소통</td><td></td><td>유치원/어린이집 가는 길</td><td>우리 예쁜 선생님</td><td></td><td></td></tr>
<tr><td>예술경험</td><td>유치원 /어린이집 꾸미기</td><td>원가</td><td></td><td>친구하고 마주보고</td><td></td></tr>
<tr><td>신체운동·건강</td><td></td><td></td><td>놀이영역 짝짓기</td><td></td><td>다양한 길 따라 선위 걷기</td></tr>
<tr><td>자연탐구</td><td></td><td></td><td>종이 라이트 망원경으로 우리 원 시설물 관찰하기</td><td></td><td></td></tr>
<tr><td>사회관계</td><td>옷 정리하기 신발 정리하기</td><td>책상과 의자 사용법</td><td>식사예절</td><td>하루일과</td><td></td></tr>
<tr><td colspan="2">기본생활습관</td><td colspan="5">[질서] 줄을 설 수 있어요</td></tr>
<tr><td colspan="2">안전지도</td><td colspan="5">[생활안전] 교실에서의 안전</td></tr>
<tr><td colspan="2">가정연계</td><td colspan="5">우리집과 유치원/어린이집에 있는 같은 물건 찾기</td></tr>
</table>

4) 일일교육계획안

몬테소리 교육활동을 누리과정에 근거하여 전개할 수 있는 만 4세 일일교육계획안의 예시를 제시하면 다음과 같다.

일일교육계획안 예시

담임	원감	원장

〈만 4세 누리과정〉

학급명	ㅇㅇ반	연령	만4세	시기	2014년 3월 ○○일
생활주제	유치원/어린이집과 친구	주제	함께 만드는 유치원/어린이집	소주제	유치원/어린이집에서의 하루
목표	• 친구들과 선생님을 만나고 헤어질 때 반갑게 인사할 수 있다. • 하루일과에 대해 이야기하고 하루일과를 이해할 수 있다.				
일과	8:00~9:30 등원 9:30~10:30 자유선택활동 10:30~10:40 정리 및 평가 10:40~10:50 음률 및 날짜 소개 10:50~11:10 간식 11:10~11:30 이야기나누기 11:30~12:10 바깥놀이 12:10~12:20 화장실 다녀오기 12:20~13:20 점심 및 조용한 놀이 13:20~13:50 대그룹활동-주제 연계활동 13:50~14:10 새노래 14:10~14:30 정리, 평가 및 귀가지도				

시간/활동명	활동목표	활동내용	자료 및 유의점	평가
8:00 ~ 9:30 등원	• 바르게 인사 하기 • 신발 벗어제자리에 넣기	• 등원하는 유아에게 교사가 반갑게 인사를 나눈다. • 유아의 건강상태를 확인한다. • 가방을 바르게 정리하여 옷장에 넣고 옷걸이를 이용하여 입고 온 외투도 옷장에 함께 정리한다.	• 소지품 정리를 스스로 할 수 있도록 돕는다.	

시간/ 활동명	활동목표	활동내용	자료 및 유의점	평가
9:30 ~ 10:30 자유 선택활동	• 탐구하는 태도와 사물과 현상에 지속적인 관심을 가진다. • 몬테소리 교구 활동을 자유롭게 계획하고 선택하여 활동한다.	• 몬테소리 교구활동 소개: 우리 반 교실 안에 있는 물건 이름 알아보기 • 일상 – 내 물건(외투·신발·가방) 정리정돈하기 등원 길(선) 따라 걷기–선 위 걷기 • 감각 – 분홍탑 • 수 – 분류하기: 교실 안에 있는 것, 교실 밖에 있는 것 • 언어 – 우리 반 교실 안 물건 이름 • 우주 – 즐거운 유치원/어린이집 일과		
10:30 ~ 10:40 정리 및 평가	• 교구를 정해진 자리에 바르게 정리한다. • 손과 내 몸을 깨끗이 한다. • 자유선택활동에 대한 모둠 평가를 한다.	• 정리시간 5분 전에 미리 종을 울려 정리시간임을 알려주어 하던 작업을 스스로 마무리한다. 이때 유아가 새로운 작업을 시작하지 않도록 한다. • 교구를 정해진 자리에 바르게 정리 정돈을 한다. • 정리가 끝나면 모둠 자리에 앉는다. • 자유선택활동에 대한 모둠 평가를 한다.	• 정리음악 • 알림종 • 자유선택활동평가표	
10:40 ~ 10:50 음률 및 날짜 소개	신체를 다양하게 표현할 수 있다.	• 노래에 맞추어 율동을 한다. • 모두 제자리에 앉으면 유아들과 인사를 나눈 뒤 날짜소개를 한다.	• 음악	
10:50 ~ 11:10 간식	• 간식을 먹은 후에 스스로 정리한다.	• 손 씻고 간식 먹을 준비를 한다. • 간식을 먹은 후 접시와 컵을 정리한다.	• 우유, 바나나	

시간/ 활동명	활동목표	활동내용	자료 및 유의점	평가
11:10 ~ 11:30 이야기 나누기	• 바르게 인사하는 법을 알고 지킨다. • 자신의 생각과 느낌을 말할 수 있다	[바르게 인사하는 법] • 누리과정 관련영역-사회관계, 의사소통 ① 다함께 모여 앉아 인사하는 방법에 대해 이야기 나눈다. - 친구들과 선생님을 만나면 무엇을 하나요? - 어떻게 인사를 할까요? ② 교사가 바르게 인사하는 모습을 시범을 보인다. - 저는 ○○반에서 1년 동안 친구들과 함께 지내게 될 ○○○ 선생님입니다. ③ 한 명씩 앞으로 나와 네임카드를 보며 이야기 나눈다. - 이 친구의 이름은 무엇일까요? - 직접 자기소개를 해볼까요? ④ 서로의 이름을 보면서 반갑게 인사를 나눈다. -"반갑다. ○○야!" 하고 인사할까요? ⑤ 반가운 마음을 인사로 표현한다. - 반갑게 인사를 하니 기분이 어떤가요?	• 사진자료.네임카드 • 창의.인성교육	
11:30 ~ 12:10 바깥놀이	• 안전에 유의하여 신체를 다양하게 이용할 수 있다.	• 신발을 들고 밖에 나갈 준비를 한다. • 바깥놀이 시 주의 사항을 이야기한다. • 약속을 정하고 바깥놀이를 간다. - 첫째 다치지 않는다. - 둘째 싸우지 않는다. - 셋째 서로 양보한다. - 넷째 재미있게 놀다온다. • 다친 친구가 없는지 확인 후 안전하게 교실로 돌아온다.	• 옷 • 신발	
12:10 ~ 12:20 화장실 다녀오기	• 질서를 지킬 수 있다. • 손과 내 몸을 깨끗이 한다.	• 윗옷을 정리 후 화장실을 다녀온다. • 손을 깨끗이 씻은 후 개인수건에 닦고 자리에 앉는다. • 친구들이 다 모일 때까지 기다린다.	• 비누 • 수건	

시간/ 활동명	활동목표	활동내용	자료 및 유의점	평가
12:20 ~ 13:20 점심 및 조용한 놀이	• 음식의 필요성을 알고 골고루 먹을 수 있다	• 수저통과 물통을 가지고 정해진 책상 위에 놓는다. • 각 팀별로 이름을 부르면 나와서 식판을 들고 반찬과 밥, 국을 받아 자리로 들어간다. • 선생님이 먼저 드시고 난 뒤 "잘 먹겠습니다" 인사를 하고 맛있는 점심을 먹는다. • 점심을 다 먹은 뒤 "잘 먹었습니다" 인사를 하고 식판을 정리한다. • 자신의 책상, 바닥 자리에 흘린 밥풀을 정리하고 양치를 한다.	• 도시락 • 수저	
13:20 ~ 13:50 주제 연계 활동	• 주제에 관심을 가지고 자신의 생각을 표현할 수 있다. • 하루일과에 대해 이야기하고 하루일과를 이해할 수 있다.	[우주-유치원/어린이집 일과] • 누리과정과 연계 - 자연탐구 : 수학적 탐구, 규칙성 이해하기 - 사회관계 : 다른 사람과 더불어 생활하기, 공동체에서 화목하게 지내기 - 의사소통 : 말하기, 자신의 느낌, 생각 말하기 ① 유치원 /어린이집의 하루일과에 대해 이야기를 나눈다. ② 유치원/어린이집에 와서 유아가 제일 먼저 하는 일이 무엇인지 이야기한다. ③ 하루일과를 순서에 따라 카드를 나열한다.	• 사진자료 그림 • 3단계 카드	
13:50 ~ 14:10 새노래	• 노래를 즐겨 부를 수 있다. • 노랫말에 어울리는 율동을 만들 수 있다.	[새노래- 원가] • 손 유희로 주의를 집중시킨다. • 노래 가사를 읽어본다. • 피아노 반주를 들어본다. • 한 소절씩 반주에 맞춰 불러본다. • 전체 곡을 불러본다. • 율동을 만들어 함께 불러본다.	• 피아노 • 악보 • 노래판	
14:10 ~ 14:30 정리, 평가 및 귀가지도	• 손과 내 몸을 깨끗이 한다. • 바르게 인사할 수 있으며 옷차림을 단정히 할 수 있다.	• 수업을 마무리 한 뒤 정리 정돈을 한다. - 손을 씻고 머리를 정리한 다음 자신의 옷과 가방을 찾아 입는다. • 오늘 하루에 대한 평가를 한다-즐거웠던 점, 내일 해보고 싶은 일을 이야기한다. • 선생님, 친구들과 함께 인사를 한 뒤 안전하게 귀가한다.	• 비누 • 수건 • 가방 • 신발 • 옷	

시간/활동명	활동목표	활동내용	자료 및 유의점	평가
총평	• 유아 스스로 자유선택활동을 계획하고 평가하는 활동이 익숙하지 않아 배회하거나 가만히 앉아 있는 유아가 많아 시간이 많이 소요되었다. 하루일과 중 유아를 세심히 관찰하고 기록하여, 계획하지 않고 바로 활동을 시작하거나 활동 계획과 선택에 어려움을 느끼는 유아에게 개별적으로 상호작용해야겠다. • 급식 시간에 수저 바르게 사용하기, 손 씻기를 매일 활동 전에 제시하여야겠다. • 유아가 작업을 마무리 한 뒤 스스로 교구를 정해진 자리에 바르게 정리 정돈 할 수 있도록 교구 정리하는 시범을 좀 더 신경써야 할 필요가 있다. • ○○는 오늘도 자유선택활동에 참여하지 않고 멍하게 앉아만 있으려 하였다. 좀 더 세심하게 관찰하고 상호작용하여 원인을 찾아봐야겠다.			

5) 환경구성의 실제

유치원 자유선택활동 시간은 각 흥미영역이 준비된 교육환경 속에서 영유아가 선택한 활동을 함으로써 영유아 스스로가 무엇인가 배워나가며, 영유아들 간의 상호작용, 교사와의 상호작용을 통해서 영유아들이 여러 가지의 경험을 나누어 갖는 소중하고 중요한 기회가 되는 전인적인 발달을 이루는 시간이다.

또한 흥미영역은 분리대나 여러 형태의 교구장 또는 기타의 방법으로 활동내용에 따라 놀이영역을 구분지어 경계를 암시해주도록 설비함으로써 구분되어지는 활동실의 각 영역들을 의미한다.

적절한 교재와 교구가 갖추어진 유치원과 어린이집의 물리적 환경은 프로그램의 질적 수준에 영향을 미치는 중요한 요인이다. 환경 구성은 유아의 심리적 안정, 신체적 안전, 발달적 적합성, 다양성을 고려하여 구성하는 것이 바람직하다.

(1) 누리과정 환경구성

누리과정에서는 다음과 같이 환경구성의 원리를 설명하고 있다.

가. 공간은 유아가 활동할 수 있을 만큼 충분히 넓어야 한다.

나. 시설 설비와 교구는 유아의 연령 및 신체 발달에 적합하여 유아가 성인의 도움 없이 스스로 사용하고 정리할 수 있도록 한다.

다. 유아에게 매력적이고 교육적으로 의미있는 활동을 제공하도록 환경을 구성한다. 이를 위해 유아에게 활동선택권을 주는 다양한 흥미 영역을 실내외 공간에 배치할 수 있다.

라. 청결하고 안전한 환경을 제공하고, 적정 온도나 습도를 유지해야 한다.

마. 환경은 유아의 발달 특성에 적합하여야 한다. 예를 들면, 유아의 연령이 낮을수록 일상적이고 개별적인 보살핌을 위한 환경 구성이 필요하고, 감각적인 경험의 기회가 많이 포함되는 환경을 제공한다.

바. 유아가 장시간 유치원이나 어린이집에 머물 경우, 혼자 놀거나 쉴 수 있는 공간이 필요하며, 일상적인 보살핌이나 낮잠을 위한 물건이나 놀잇감 보관을 위한 저장 공간을 마련한다.

실내환경 구성 시 고려해야 할 점은

첫째, 유아의 교수 학습을 지원하기 위해 실내에 쌓기놀이 영역, 언어 영역, 역할놀이 영역, 수·조작 영역, 과학 영역, 음률 영역, 미술 영역 등의 흥미 영역을 구성하여 신체운동·건강, 의사소통, 사회관계, 예술경험, 자연탐구 등을 다양한 활동으로 전개할 수 있도록 한다.

둘째, 흥미 영역에 제시되는 활동이나 자료는 주간 및 일일 주제와 관련되도록 한다. 또한 게임, 발표, 토의, 관찰, 실험, 조사, 현장체험 등 다양한 유형의 활동과 연계되도록 하여 유아의 학습을 심화시킬 수 있도록 운영한다.

셋째, 흥미 영역의 수는 전체 공간의 크기, 유아의 수, 연령, 흥미를 고려하여 조절할 수 있다. 대체로 연령이 많아질수록 흥미 영역 개수가 늘어나며, 유아의 흥미에 따라 흥미 영역을 가감하기도 한다. 흥미 영역은 1년에 3~4번 위치를 바꾸어 줌으로써 변화를 줄 수 있다.

넷째, 흥미 영역의 배치는 공간의 크기, 소음, 채광, 물의 사용 여부 등을 고려하며, 벽에 붙이는 부착물은 유아의 눈높이에 맞추어 게시한다. 모든 교재교구는 안전과 위생을 고려해야 한다.

다섯째, 구성과 배치는 유아들이 의논하여 자율적으로 정할 수 있다. 이렇게 유아들에게 선택의 기회를 줌으로써 그들의 의견과 관심을 존중하는 영역 구성을 할 수 있을 뿐 아니라, 유아들이 흥미 영역의 활동에 더 흥미를 가지고 참여하며, 유아 스스로 흥미 영역 정리를 잘 할 수 있게 한다.

일반적인 교실에서 자유선택을 위한 흥미영역 배치는 다음의 원리를 따른다.

① 동적영역은 활동적인 영역으로 유아의 활동반경이 넓고 활동 시 소음도 큰 편이므로 교실 안쪽보다는 입구 쪽부터 배치하면 편리하다.
② 정적영역은 출입구에서 안쪽으로 배치하는 것이 좋으므로, 언어영역과 수·조작영역은 교실 안쪽으로 위치하는 것이 좋다.
③ 표현영역은 물을 사용하거나 영유아 상호작용이 원활한 영역으로 교실 안쪽보다는 입구 쪽이 편리하며, 화장실이나 간이세면대가 있는 공간으로 배치하는 것이 좋다.
④ 언어영역 조용하고 밝은 곳에 배치하고, 자료를 유아들이 편안한 자세로 볼 수 있도록 비치하는 것이 좋다. 공간이 협소할 경우 휴식공간을 겸하여 설치하여도 무방하다.
⑤ 수·과학(탐색)영역은 가능한 한 조용한 곳에 책상과 함께 배치하도록 한다.
⑥ 과학영역은 식물이나 동물을 키울 수 있도록 볕이 잘 드는 곳에 배치하고 영유아가 관찰 활동을 할 수 있도록 하며, 수·조작영역 옆에 함께 배치해도 좋다.
⑦ 음률영역은 활동적이고 소리가 많이 나므로 조용한 영역과 떨어진 곳에 배치한다.
⑧ 미술영역은 다양한 재료를 이용하여 표현해 보고 완성된 작품을 감상하는 기회를 제공하기 위하여 조용하고 밝은 곳에 배치하는 것이 좋다. 주변에 유아들이 스스로 손쉽게 자료 꺼내고 정리할 수 있는 교구장 혹은 바구니 등을 준비하고 완성된 작품

을 말리거나 전시할 수 있는 공간을 제공하도록 한다.

⑨ 역할영역과 쌓기놀이 영역은 놀이 확장이 가능하도록 가까이 배치하고, 소음과 움직임이 많으므로 다른 놀이를 방해하지 않도록 배치하되 다수의 유아들이 함께 참여할 수 있도록 공간을 충분히 확보하도록 하는 것이 바람직하다.

⑩ 역할/쌓기/음률영역은 보육실이 협소할 경우 인접하여 배치하여도 좋으며, 교실에 미끄럼 및 볼풀장 등 대근육시설이 있는 경우 동적영역에 함께 배치해도 좋다.

⑪ 신체영역은 움직임에 대한 욕구가 강하고 신체 및 운동기능의 발달이 급격하게 일어나는 유아의 특성을 고려하여 설치하는 것이 바람직하다.

위의 내용을 그림으로 나타내면 다음과 같다.

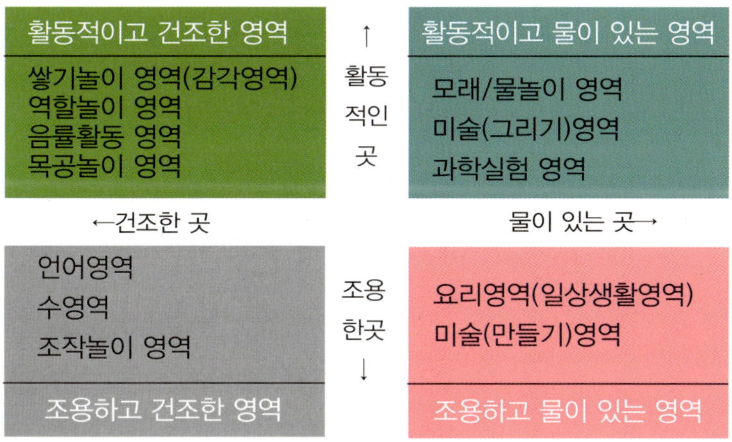

영역별 배치도

(2) 몬테소리교실의 환경구성의 실제

몬테소리 교실은 일상생활영역, 감각영역, 수영역, 언어영역, 우주영역으로 구성된다. 각 영역에는 유아들의 연령과 발달 수준에 적합한 교구들을 준비해 주어야 하고 교구들은 유아의 신체에 맞는 교구장에 영역별로 질서 있게 순서적으로 배치되어야 한다. 또 각 영역의 교구는 교사에 의해 관찰되고 유아들의 발달수준을 고려하여 적절한 위치에 배치되어야 하며, 잘 준비하고 관리되어야 한다.

교사의 물리적 준비된 환경에서 가장 중요한 위치를 차지하는 교구의 준비는 몬테소리 환경구성에서 매우 어려운 과제이다. 특히 혼합 연령으로 학급을 편성할 경우 교구는 만3세 유아부터 만 6세 유아를 위한 교구까지 기초적인 교구부터 난이도가 매우 높은 교구까지 균형 있게 골고루 배치해 주어야 한다. 따라서 몬테소리 교실에는 1년 내내 배치되어 있는 교구들이 있으며, 순환적으로 교체되는 교구들이 있어야 한다.

연중 고정적으로 배치되는 교구들은 각 영역의 중요 핵심 교구들이며 순환적으로 교체되는 교구들은 학습적 내용은 유사하지만 다양한 내용을 보여주고자 하거나, 하나의 학습적 내용에 대해 새로운 이해를 돕기 위한 응용교구 혹은 부교재, 그리고 활동지들을 주기적으로 교체해 주어 유아들이 자발적 동기를 놓치지 않게 제공되어야 한다.

몬테소리교실의 전체적인 환경구성의 기본원리로 위에서 살펴본 일반적인 교실 구성원리와 그 맥락을 같이한다. 즉, 교실의 크기와 학급 유아들의 구성에 따라 교구의 수나 난이도의 조절이 이루어져야 한다. 또한, 교실 입구 쪽에는 심리적 부담이 적은 일상생활영역과 감각영역을 배치하고, 교실 안쪽에는 난이도가 높고 집중력이 필요한 수, 언어, 우주영역을 배치하는 것을 기본으로 한다.

몬테소리 영역의 교실환경 구성에 있어서 각 영역별 특징을 살펴보면 다음과 같다.

교실 환경구성을 위한 영역별 배치 원리

몬테소리 교실에서 영역배치는 교사의 관찰을 통한 숙고에 의해 결정되어진다. 그 이유는 각 교실의 크기가 다르고 출입문과 창문의 위치가 다르며, 전체의 기준이 되는 물을 사용할 수 있는 세면대의 위치에 따라 영역이 다르게 선정되기 때문이다. 몬테소리 교실에서 각 영역의 위치를 선정하기 전에 먼저 고려해야 할 것은 대집단 활동장소를 먼저 결정하는 것이 바람직하다. 대집단 활동은 출입문과 채광의 방향을 뒤로 하여 유아들이 앉을 수 있는 위치에 선정하는 것이 바람직하고, 그 후 각 영역 배치의 기준들을 토대로 교구장의 배치가 이루어지도록 하는 것이 실패의 오류가 적다고 할 수 있다. 한편, 교구장을 배치할 때 각 영역은 심리적인 방향을 기본으로 시계방향으로 각 영역이 순서대로 진행되는 것이 좋으며, 개방 혹은 반 개방적인 형태로 영역들이 독립적으로 배치되는 것이 좋다. 그 외에도 유아들이 집중하여 교구 작업을 할 수 있도록 환경으로부터 구별되어진 공간도 고려되어져야 한다.

① 일상생활영역

- 일상생활영역은 교실 입구 쪽에 배치한다.
- 일상생활영역은 물 공급이 원활한 곳에 배치한다.
- 일상생활영역의 바닥은 물을 사용할 수 있는 바닥재를 사용한다.
- 일상생활영역에 큰 물을 사용하는 작업을 고정 배치한다.
- 일상생활영역에는 책상이 필요하다.

② 감각영역

- 감각영역은 대집단 활동을 위한 넓은 공간이 필요하다.
- 감각영역은 매트를 펴고 작업할 수 있는 공간이 있어야 한다.
- 감각영역은 출입구로부터 비교적 가까운 곳에 배치한다.
- 감각영역의 주위에는 매트꽂이가 있어야 한다.

③ 수영역

- 수영역은 대집단 활동을 할 수 있는 넓은 공간 주변에 배치한다.
- 수영역은 매트를 펴고 작업할 수 있는 공간이 있어야 한다.
- 수영역은 출입구로부터 비교적 먼 곳에 배치한다.
- 수영역의 주위에는 매트꽂이가 있어야 한다.

④ 언어영역

- 언어영역은 교실의 조용하고 독립적인 공간에 배치한다.
- 언어영역에는 도서영역이 있어야 한다.
- 도서영역에는 아늑하고 편안한 분위기를 조성해야 한다.
- 언어영역에는 책상이 필요하다.
- 언어영역에는 매트를 펴고 작업할 수 있는 공간으로의 출입이 자유로와야 한다.
- 매트 위에서 작업해야 할 교구들은 넓은 공간 주변에 배치한다.
- 언어영역은 포트폴리오 효과를 위한 전시할 공간이 필요하다.

⑤ 우주영역

- 우주영역은 가급적 언어영역 주변에 배치한다.
- 우주영역은 교실의 조용하고 독립적인 공간에 배치한다
- 우주영역은 매트를 펴고 작업할 수 있는 공간으로의 출입이 자유로와야 한다.
- 우주영역은 포트폴리오 효과를 위한 전시할 공간이 필요하다.
- 매트 위에서 작업을 행할 교구들은 넓은 공간 주변에 배치한다.

교구배열의 원리

각 영역별로 위치가 선정되었으면 각 교구장에 교재·교구 위치 선정은 다음의 원리를 적용하는 것이 바람직하다.

① 교실의 입구에는 쉬운 교구, 안쪽에는 어려운 교구를 배열한다.
② 유아가 교구를 꺼내는 방향으로 볼 때 왼쪽에서 오른쪽으로 난이도 있게 구성 한다.
③ 교구장의 왼쪽에서 오른쪽, 위에서 아래의 방향으로 교구작업의 진행순서를 정한다.
④ 교구는 유사한 작업끼리 배열한다.
⑤ 유사한 작업은 난이도를 고려해 왼쪽에서 오른쪽, 위에서 아래의 방향으로 교구작업의 진행순서를 정한다.
⑥ 영역을 명확하게 구분한다. 단 우주영역은 융통성 있게 고려한다.

7 한 쟁반에 한 작업을 놓는다.

8 모든 교구는 쟁반, 바구니 또는 알맞은 용기에 담아 놓는다. 단 상자에 담겨진 교구는 그대로 셋팅한다.

교실 환경구성

일상생활영역

감각영역

수영역

언어영역

우주영역

제3부 생활주제에 따른 운영의 실제

3월 유치원/어린이집과 친구

활동 1-1-1 | 일상생활영역

옷 입고 벗기

생활주제 새로운 환경

누리과정 관련영역 사회관계, 신체운동·건강

적용연령 만 3세 이상

교 구 옷걸이

제시방법

제시 1. 옷 벗어 옷걸이에 걸기

1. 옷걸이의 어깨부분을 양손으로 잡고 옷걸이를 가져온다.
2. 옷을 벗어 옷의 양팔을 펼쳐 바닥에 반듯하게 둔다.
3. 옷걸이를 옷의 목선 위에 놓는다.
4. 옷의 어깨 부분을 옷걸이에 접어 넣는다.
5. 옷에 있는 단추나 지퍼를 채운다.
6. 옷걸이를 들어서 걸어 놓는다.

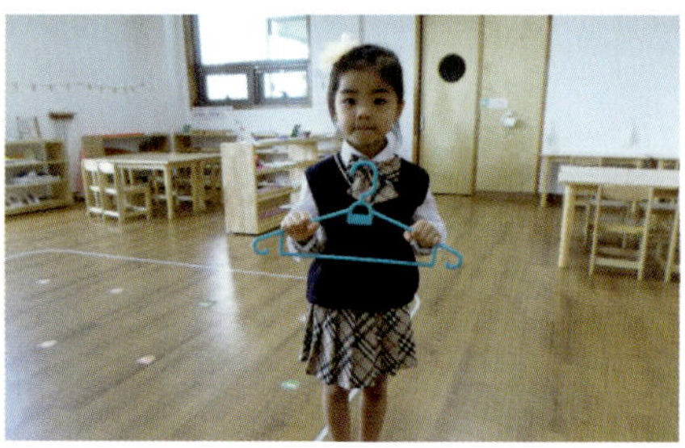

제시 2. 옷 입기

1. 옷걸이에 걸린 옷을 함께 가지고 온다.
2. 옷의 앞면이 앞으로 오게 하여 책상에 펴 놓는다.
3. 옷의 단추나 지퍼를 연다.
4. 옷걸이를 빼서 옆에 가지런히 둔다.
5. 왼손으로 옷의 오른쪽 어깨를 잡고 오른쪽 팔을 소매에 넣는다.
6. 왼팔을 뒤로 돌려 왼쪽 소매에 넣는다.
7. 단추나 지퍼를 잠근다.
8. 옷걸이의 어깨 부분을 양손으로 잡고 옷걸이를 걸어둔다.

오류의 정정 옷을 거꾸로 입는다. 단추와 구멍의 위치가 맞지 않는다.

주의점 신학기에 매일 이루어지는 활동이므로 반복해서 제공하도록 한다.
빈 옷걸이와 옷을 걸어둔 옷걸이가 섞이지 않도록 구별하여 정리한다.

응용 및 변형 다양한 잠그기가 있는 옷 입기.

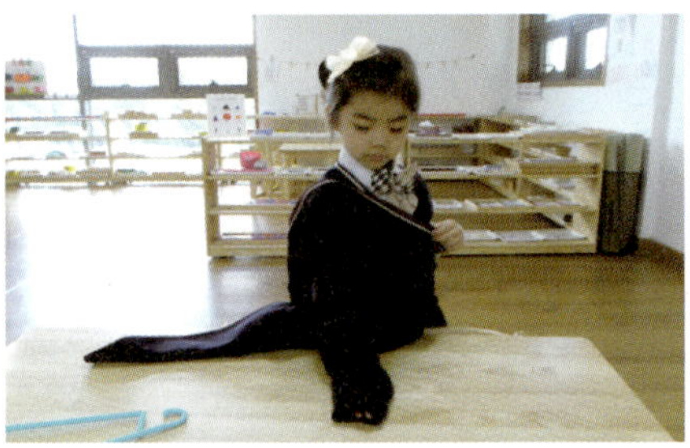

활동 1-1-2 | 일상생활영역

신발 정리하기

생활주제 새로운 환경

누리과정 관련영역 사회관계, 신체운동·건강

적용연령 만3세 이상

교 구 신발장, 이름표

제시방법

1. 두 발을 가지런히 모으고 앉는다.
2. 한 손으로 신발의 뒷부분을 잡아 벗는다.
3. 신발의 뒤축을 잡고 바닥에 두세 번 두드려 신발에 묻은 흙을 털어낸다.
4. 신발의 바닥을 위로 향하게 하여 받쳐 들고 신발장 앞으로 간다.
5. 자신의 이름을 확인하고 신발장에 신발을 가지런히 정리한다.

오류의 정정 표시의 위치

주의점 신학기에 매일 이루어지는 활동이므로 반복해서 제공하도록 한다.

활동 1-1-3 | 일상생활영역

손 씻기

생활주제 새로운 환경

누리과정 관련영역 신체운동·건강, 자연탐구

적용연령 만 3세 이상

교 구 수돗물, 양동이, 주전자, 대야, 비누, 수건, 앞치마, 로션

제시방법

1. 유아들과 몸이 깨끗해지기 위해 무엇이 필요한지에 대해 이야기 나눈다.
2. 동작 그림 카드를 보며 이야기 나눈다.
3. 앞치마를 입고, 소매를 걷는다.
4. 주전자에 물을 담아 와서 대야에 붓는다.
5. 손을 대야에 넣고 적신 후 비누를 집어 손에 비누를 묻힌다.
6. 각 손가락들 사이사이를 돌려 문지르며 비누칠을 한다.
7. 양손을 물에 담궈 깨끗이 씻는다.
8. 수건으로 손바닥, 손등, 손가락 사이를 닦는다.
9. 정리한다.
10. 로션을 바른다.

오류의 정정 손에 비누기가 남아있다. 손과 손톱에 때가 남아있다.

주의점 비누로 장난을 치지 않고 손을 씻을 수 있도록 한다.

응용 및 변형

- 급·간식 먹기 전 후/ 실내외 놀이 후/ 화장실 사용한 후 등, 손 씻기가 필요한 경우 수시로 손을 닦는 경험을 한다.
- 개인수건을 유아들 키 높이에 달아주어 유아가 개별 수건을 사용하기 쉽도록 구성한다.

• 화장실 세면대에서 손 씻는 방법도 익힐 수 있도록 한다.

활동 1-1-4 | 일상생활영역

책상과 의자 사용하기

생활주제 새로운 환경

누리과정 관련영역 사회관계, 신체운동·건강

적용연령 만 3세 이상

교 구 책상, 의자

제시방법

제시1. 앉기

1. 의자의 뒤에 서서 양손으로 의자의 등받이 부분을 잡고 책상에서 뺀다.
2. 의자의 옆쪽에서 먼저 앉은 다음 다리를 모아 앞으로 돌려 앉는다.
3. 책상 밑으로 다리를 넣은 다음 다리를 가지런히 모아 바르게 앉는다.

제시2. 서기

1. 의자에 앉은 채로 의자의 양옆을 잡고 위로 몇 번 옮긴다.
2. 양 다리를 먼저 옆으로 돌린 후 일어선다.
3. 의자의 뒤쪽으로 가서 양손으로 의자의 등받이 부분을 잡고 들어서 책상 밑에 넣

는다.

오류의 정정 소리가 난다.

주의점 의자를 옮길 때 다른 물건이나 사람에 부딪치지 않도록 주의한다.

응용 및 변형

- 교사가 지시하는 장소로 의자 옮기기
- 바닥에 선을 붙여 선 위에 정확하게 옮기기

활동 1-1-5 | 일상생활영역

선 위 걷기

생활주제 유치원과 친구

누리과정 관련영역 사회관계, 신체운동·건강

적용연령 만 3세 이상

교 구 1인치의 선(직선 or 곡선), 다양한 사물(쟁반, 국기, 핑크탑, 유리컵, 종 등)

제시방법

제시 1. 정면 보고 걷기

1. 교사가 시범을 보인다.
2. 선을 따라 걷는다.
3. 시선을 정면으로 하고 선 위를 걷는다.

제시 2. 양팔 벌려 걷기

1. 교사가 시범을 보인다.
2. 양팔을 벌리고 정면을 보면서 선을 따라 걷는다.

제시 3. 발맞추어 걷기

1. 발바닥 중앙이 선의 중앙 부분에 닿도록 걷는다.
2. 두 발을 나란히 모은 상태에서 시작하여 오른발 뒤꿈치가 왼발 발가락 앞에 닿도록 걷는다.

제시 4. 음악 들으며 걷기

1. 걸음걸이에 맞는 음악을 들려준다.
2. 행진곡으로 리듬에 변화를 준다.
3. 걷는 것으로 시작해서 걷는 것으로 끝낸다.
4. 행진곡에 익숙해진 후 뛰기, 스킵을 첨가한다.

제공 5. 사물 사용해 걷기

1. 다양한 사물(쟁반, 국기, 핑크탑, 유리컵, 종 등)을 쟁반 위에 놓는다.
2. 양손으로 쟁반을 들고 선 위에 선다.
3. 쟁반이 흔들리지 않도록 조심하면서 선 위를 걷는다.

오류의 정정 걷다가 균형을 잃는다. 이동하다가 사물을 떨어뜨린다.

주의점 사물을 이용할 때 단순한 사물들부터 시작한다.
점차로 좀 더 어려운 사물을 사용한다.

응용 및 변형

- 서 있는 상태에서 오른발의 발가락을 왼발의 발뒤꿈치에 닿게 하면서 뒤로 걷는 방법
- 눈을 감고 맨발로 선을 느끼면서 앞뒤로 걷게 하는 방법

활동 1-2-1 | 감각영역

분홍탑

생활주제 새로운 환경

누리과정 관련영역 사회관계, 자연탐구

적용연령 만 3세 이상

교 구 분홍탑

제시방법

1. 매트를 편다.
2. 가장 작은 분홍탑부터 하나씩 매트 위로 가져와 자유롭게 놓아 본다.
3. 크기의 변별에 맞게 분홍탑을 활용해 자유롭게 구성해 본다.
4. 가장 큰 분홍탑부터 정리한다.

오류의 정정 크고 작음의 시각적 변별이 되지 않는다.

주의점

- 분홍탑의 기본 제시 후 응용 및 변형이 가능하도록 지도한다.
- 크기의 시각적인 변별이 있도록 활동한다.

응용 및 변형

응용 및 변형

활동 1-2-2 | 감각영역

빨간 막대

생활주제 유치원과 어린이집

누리과정 관련영역 사회관계, 자연탐구

적용연령 만 3세 이상

교 구 빨간 막대

제시방법

1. 매트를 편다.
2. 가장 길이가 작은 빨간 막대부터 하나씩 매트 위로 가져와 자유롭게 놓아 본다.
3. 길이의 변별에 맞게 빨간 막대를 활용해 자유롭게 구성해 본다.
4. 가장 길이가 큰 빨간 막대부터 정리한다.

오류의 정정

- 시각에 의한 부조화
- 가장 짧은 막대가 각기 다른 막대의 끝에 들어맞지 않을 때
- 막대를 나르다가 다른 유아와 부딪칠 때

주의점

- 빨간막대의 기본 제시 후 응용 및 변형이 가능하도록 지도한다.
- 길이의 시각적인 변별이 있도록 활동한다.

응용 및 변형

- 달팽이 집 만들기
- 지그재그 놓기
- 자유대형으로 놓기

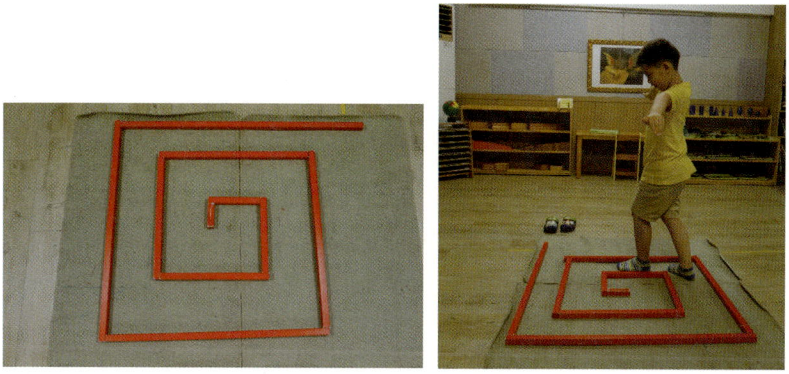

응용 및 변형 – 달팽이집 만들기

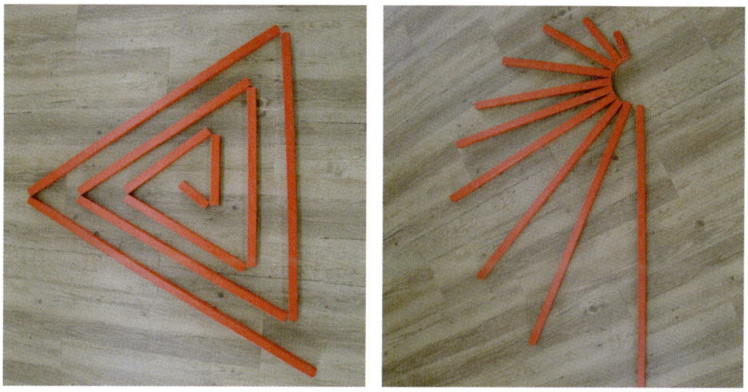

응용과 변형 – 여러가지 모양으로 놓기

활동 1-3-1 | 수 영역

친구 수 헤아려 보기

생활주제 나와 친구

누리과정 관련영역 사회관계, 자연탐구

적용연령 만 3세 이상

교 구 친구 그림판, 유아의 얼굴 사진

제시방법

1. 유아의 얼굴 사진을 보며 이야기 나누기를 한다.
2. 친구의 그림판 위에 유아들의 사진을 나열한다.
3. 모두 몇 명인지 수세기를 한다.
4. 교구를 정리한다.

오류의 정정 친구의 사진과 수가 일치하지 않는다.

응용 및 변형 각 반의 친구의 수를 그래프로 나타내어 본다.

활동 1-3-2 | 수 영역

나와 친구 패턴 만들기

생활주제 나와 친구

누리과정 관련영역 사회관계, 자연탐구

적용연령 만 3세 이상

교 구 색 분류 및 크기 분류 가능한 유아 사물, 패턴 정정판

제시방법

1. 유아들과 사물의 색과 크기의 차이에 대해 이야기한다.
2. 패턴 정정판을 유아들과 살펴본다.
3. 패턴 정정판을 통해 매칭해 본 후 패턴을 만든다.
4. 교구를 정리한다.

오류의 정정 다음 패턴을 유추해 보기 위해 패턴을 만들 때 반복적인 패턴을 만든다.

응용 및 변형 좀 더 다양한 색과 크기의 사물 교구를 준비해 본다.

활동 1-4-1 | 언어영역

교실 안 물건 이름

생활주제 유치원의 환경

누리과정 관련영역 의사소통

적용연령 만 3세 이상

교 구 3단계 카드, 주머니, 교실 안 물건 모형

제시방법

1. 우리 교실 주변을 둘러본다.
2. 교실 안에는 어떤 물건들이 있는지 알아본다.
3. 교실 안 물건 이름 3단 카드를 놓는다.
4. 그밖에 물건에 대해 이야기를 나눈다.
5. 우리가 사용하는 물건에 대한 소중함과 사용 후 제자리에 정리하는 방법에 대해 이야기를 나눈다.

오류의 정정 오류의 정정 카드

주의점 카드를 놓을 때 그림 또는 글씨를 읽고 놓는다.

응용 및 변형 교실 물건 수수께끼

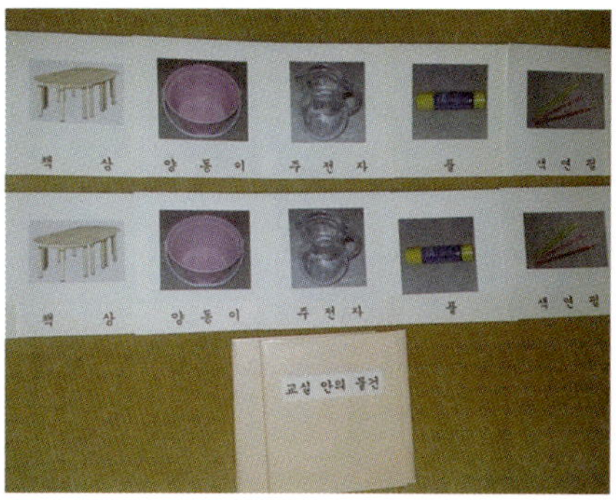

활동 1-4-2 | 언어영역

표정 매칭하기

생활주제 유치원과 친구

누리과정 관련영역 의사소통

적용연령 만 3세 이상

교 구 매트, 남녀 표정이 같은 사진 4세트

제시방법

1. 매트를 편다.
2. 교구를 가지고 와서 매트 가장자리에 놓는다.
3. 사진 한 장을 꺼내어 매트 위에 올려 놓는다.
   "무슨 표정이니? 어떨 때 이 표정을 지을까?"
   "이 표정과 같은 표정을 지은 사진을 찾을 수 있겠니?"
4. 나머지 사진들을 매칭한다.

오류의 정정 교사에 의하여

주의점 유아들이 사진을 한 장씩 놓을 수 있게 지도한다.

응용 및 변형 거울을 보면서 직접 표정을 지어 본다.

활동 1-5-1 | 우주영역

하루일과

생활주제 즐거운 하루

누리과정 관련영역 사회관계, 자연탐구

적용연령 만 3세 이상

교 구 유치원에서의 하루일과 그림 책자

제시방법

1. 일과라는 말의 의미에 대해 알아본다.
2. 하루 일과 그림카드를 보며 이야기 나눈다.
   "유치원에서 하는 하루 일과 그림카드를 보자.
   어떤 활동들이 있니?"
   "이 활동은 무엇일까?"
3. 그림카드를 이용해서 하루일과를 함께 계획해 본다.
   "오늘 하루 일과를 우리가 계획해 보자."
4. 활동카드를 보고 매일 해야 하는 활동과 매일 하지 않아도 되는 활동들로 분류해 본다.
   "매일 꼭 해야 하는 활동은 무엇일까?"
   "이야기 나누기 시간이 끝난 다음에는 무엇을 하고 싶니?"
5. 유아와 협의하여 만든 일과계획표를 살펴보며 이야기 나눈다.
6. 유아들이 항상 볼 수 있는 곳에 게시한다.

오류의 정정 교사에 의한 정정

주의점 유아들이 자유롭게 일과계획을 구성해 볼 수 있도록 한다.

응용 및 변형 하루 일과 책자를 보며 프린트에 시계도장 찍어 일과표 완성하기

하루일과표
등원
자유선택 활동
이야기 나누기
소집단 활동
점심
신체활동
대집단 활동
종이접기
생일파티
화장실

활동 1-5-2 | 우주영역

명상하기

생활주제 유치원/어린이집과 친구

누리과정 관련영역 자연탐구

적용연령 만 3세 이상

교 구 CD 플레이어, 잔잔한 음악 CD

제시방법

1. 정해진 자리에 앉는다.
2. 편안한 자세로 앉아 눈을 감는다.
3. 오늘 하루 일과에 대해 떠올려 본다.
4. 내일 일과에 대해 생각해 보고 명상을 마친다.

오류의 정정 교사에 의한 정정, 시작 전 교사와 함께 하루 일과 짚어보기

주의점 시간적 흐름을 스스로 파악하기에 부족한 연령의 유아들에게는 적절히 교사가 개입한다.

응용 및 변형 명상 내용을 발표하기 / 그림으로 그려보기

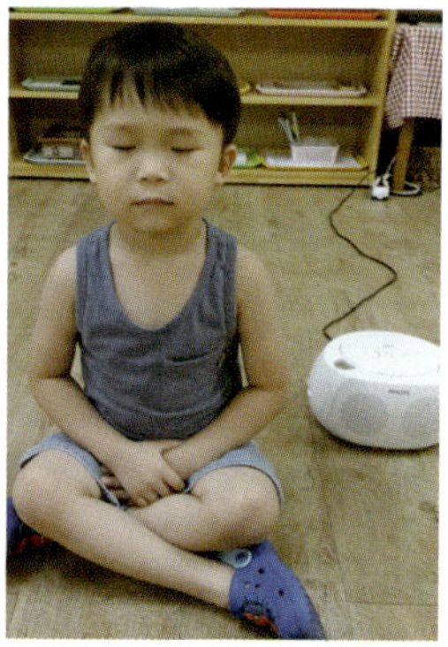

4월 봄이 되었어요

활동 2-1-1 | 일상생활영역

식물 닦기(나뭇잎 닦기)

생활주제 동식물과 자연

누리과정 관련영역 자연탐구, 신체운동·건강

적용연령 만 3세 이상

교 구 식물, 휴지통, 분무기, 솜, 빈그릇 2개, 스펀지, 비닐매트, 쟁반

제시방법

1. 비닐 매트를 펴고 작업 쟁반을 가져온다.
2. 분무기 혹은 빈 그릇에 물을 담아온다.
3. 솜에 물을 적신다.
4. 잎을 위에서 아래로 닦아낸다.
5. 다 쓴 솜은 쓰레기통에 버린다.
6. 스펀지로 비닐매트를 닦고 쟁반과 함께 정리한다.

오류의 정정 잎을 아래에서 위로 닦는다. 잎을 닦다가 잎이 훼손된다.

주의점 식물이 상하지 않도록 주의한다.

응용 및 변형 꽃을 이용해 꽃꽂이 하는 방법

활동 2-2-1 | 감각영역

색 원기둥

생활주제 봄이 되었어요.

누리과정 관련영역 사회관계 자연탐구

적용연령 만 3세 이상

교 구 색 원기둥(빨강, 노랑, 초록, 파랑)

제시방법

제시 1. 수평 배열

1. 매트를 편다.
2. 색 원기둥 상자의 뚜껑을 열어 상자 아래에 놓는다.
3. 색 원기둥을 자유대형으로 꺼내 놓는다.
   (색 원기둥을 꺼낼 때는 가장 큰 색 원기둥부터 순서대로 꺼낸다.)
4. 1번 색 원기둥과 2번 색 원기둥을 꺼내어 높이를 비교해 보고 순서대로 나열한다. 나열할 때는 왼쪽에서 오른쪽으로 차례대로 나열한다.
5. 기본 제공 후 색 원기둥을 정리할 때는 높이가 가장 큰 것부터 색 원기둥 상자 안의 네 개의 모서리에 넣은 후, 순서대로 정리한다.

제시 2. 수직 배열

1. 매트를 편다.
2. 색 원기둥 상자의 뚜껑을 열어 상자 아래에 놓는다.
3. 색 원기둥을 자유대형으로 꺼내 놓는다.
   (색 원기둥을 꺼낼 때는 가장 큰 색 원기둥부터 순서대로 꺼낸다.)
4. 1번 색 원기둥과 2번 색 원기둥을 꺼내어 높이를 비교해 보고 순서대로 수직으로

쌓는다.

5. 기본 제공 후 색 원기둥을 정리할 때는 높이가 가장 큰 것부터 색 원기둥 상자 안의 네 개의 모서리에 넣은 후, 순서대로 정리한다.

오류의 정정
- 수평 배열과 수직 배열이 순서대로 되어 있지 않는 것을 본다.
- 수직 배열에서 원기둥을 쌓아 올렸을 때 중앙에 놓여 있는지
- 조화롭게 이루어져 있는 것을 본다.

응용 및 변형
- 두 가지 색 원기둥을 섞어서 수직 배열을 해본다.
- 색 원기둥을 이용해 자유대형이나 패턴을 만들어 본다.

제시 1-수평 배열

제시 2-수직 배열

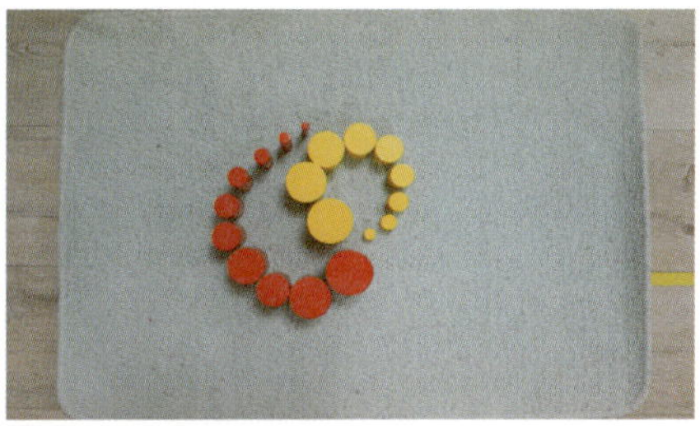

응용 및 변형

활동 2-3-1 | 수 영역

나뭇잎 분류하기

생활주제 봄이 왔어요.

누리과정 관련영역 사회관계, 자연탐구

적용연령 만 3세 이상

교 구 색 분류 및 크기 분류 가능한 유아 사물, 패턴 정정판

제시방법

1. 유아들과 봄에 볼 수 있는 식물에 대해 이야기 나누기 한다.
2. 유아들과 준비한 나뭇잎 모형으로 색과 모양의 차이에 대해 알아본다.
3. 나뭇잎 모형의 색과 모양에 따라 분류하는 작업을 해본다.
4. 분류작업을 끝낸 후 교구를 정리한다.

오류의 정정

- 나뭇잎 모형의 교구를 준비할 때 크기의 차이를 두어 유아들에게 크기의 다양성을 알 수 있게 해준다.

응용 및 변형

- 나뭇잎 사물 대신 봄에 피는 꽃 사물을 준비해 본다.

활동 2-4-1 | 언어영역

따뜻한 봄의 풍경–연상하여 말하기

생활주제 봄이 되었어요.

누리과정 관련영역 의사소통, 자연탐구

적용연령 만 3세 이상

교 구 봄의 풍경카드(벚꽃 길 사진, 개나리 사진, 모내기 사진, 새싹 사진, 봄옷 입은 여자 아이 사진)

제시방법

1. 그림카드를 하나씩 보여주면서 "이것은 어떤 그림입니까?"하고 질문한다.
2. 유아가 그림카드를 보면서 그림의 상황을 말로 표현한다.
3. "이 그림카드를 보면 어떤 것이 생각날까요?" 하고 질문한다.
4. 유아는 충분히 생각한 후 생각나는 것을 말한다.
5. 연상은 하나의 생각이 다른 생각을 불러오는 것이라고 설명한다.
6. 교구를 정리한다.

오류의 정정 교사에 의하여

주의점

- 한 번에 연상이 되지 않더라도 추후에 연상이 가능하도록 교사가 말하지 않도록 한다.

응용 및 변형

- 봄에 하는 일 이야기 나누기

활동 2-4-2 | 언어영역

봄에 피는 꽃-그림과 그림 짝 맞추기

생활주제 봄이 되었어요.

누리과정 관련영역 의사소통, 자연탐구

적용연령 만 3세 이상

교 구 봄에 피는 꽃 3단계 카드 중 2단계(개나리, 진달래, 목련, 민들레, 수선화)

제시방법

1. 기준이 되는 그림을 매트 위쪽에 나열한다.
2. 똑같은 그림을 매트의 아래 부분에 나열한다.
3. 위의 카드의 그림과 같은 것을 아래에서 찾아 그 옆에 같은 그림을 놓아보자고 말한다.
4. 유아는 아래의 그림에서 같은 그림을 찾아 짝짓는다.
5. 교구를 정리한다.

오류의 정정 맞지 않는 그림이 남으면 유아가 시각적으로 찾는다.

응용 및 변형 그림과 낱말 짝 맞추기, 3단계 카드 맞추기

활동 2-4-3 | 언어영역

봄의 날씨-이야기 나누기

생활주제 봄이 되었어요.

누리과정 관련영역 의사소통, 자연탐구

적용연령 만 3세 이상

교 구 봄의 날씨 카드(봄비, 황사, 봄바람)

제시방법

1. 봄이 되어서 변화된 날씨와 봄 날씨의 특징에 대하여 이야기를 나눈다.
2. 봄 날씨카드를 보면서 이야기를 만들어서 발표하게 한다.
3. 이야기가 끝나면 다른 유아들이 질문하게 하고 질문에 답한다.
4. 교구를 정리한다.

오류의 정정 교사에 의하여

주의점 자연스럽게 이야기할 수 있도록 하고, 다른 유아들은 경청하게 한다.

응용 및 변형 3단계 카드를 놓아보게 한다.

활동 2-4-4 | 언어영역

콩의 성장과정-순서에 맞게 말하기

생활주제 봄이 왔어요.

누리과정 관련영역 의사소통, 자연탐구

적용연령 만 3세 이상

교 구 매트, 콩의 성장 카드

제시방법

1. 매트를 편 다음 교구를 매트 가장자리에 놓는다.
2. 콩에 대해 이야기를 나누어 본다.
   "콩을 먹어 본 적 있니? 어떤 콩들이 있을까?"
3. 콩 카드를 제시하여 카드를 차례대로 놓아본다.
   "콩의 성장에 맞게 카드를 차례대로 놓아볼까?"
   "왜 이 카드가 제일 앞에 와야 한다고 생각해?"
4. 콩의 성장을 순서대로 배열한 후 이야기해 본다.

오류의 정정 교사에 의해서

주의점 카드를 놓을 때 그림을 읽고 놓는다.

응용 및 변형 성장과정을 그림으로 그려본다.

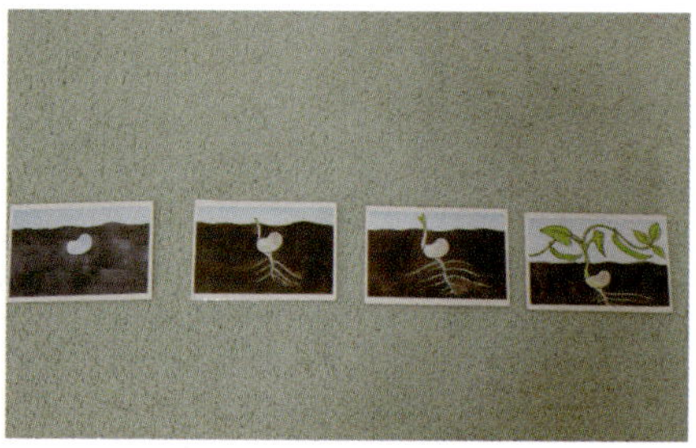

활동 2-5-1 | 우주영역

봄에 깨어나는 동물-분류하기

생활주제 봄이 되었어요.

누리과정 관련영역 자연탐구

적용연령 만 3세 이상

교 구
- 겨울잠을 자고 봄에 깨어나는 동물 모형(개구리, 거북이, 뱀, 곰)
- 겨울잠을 자지 않는 동물 모형(코끼리, 닭, 사자, 펭귄)

제시방법

1. 바구니의 동물을 모두 매트 위에 놓는다.
2. 동물의 이름을 말한다.
3. '겨울잠을 자고 봄에 깨어나는 동물' 카드와 '겨울잠을 자지 않는 동물' 카드를 매트 위에 놓는다.
4. 봄에 깨어나는 동물은 '봄에 깨어나는 동물' 카드 아래에, 겨울잠을 자지 않는 동물은 '겨울잠을 자지 않는 동물' 카드 아래에 놓게 한다.
5. 교구를 정리한다.

오류의 정정

- 봄에 깨어나는 카드 뒷면에는 봄에 깨어나는 동물 모형의 사진이, 겨울잠을 자지 않는 동물모형카드 뒷면에는 겨울잠을 자기 않는 동물모형의 사진이 있어 스스로 오류를 정정한다.

응용 및 변형

- 봄에 떠나는 철새, 봄에 오는 철새

활동 2-5-2 | 우주영역

봄에 먹는 음식-그림과 낱말 짝 맞추기

생활주제 봄이 되었어요.

누리과정 관련영역 의사소통, 자연탐구

적용연령 만 3세 이상

교 구 봄에 먹는 음식의 3단계 카드(화전, 냉이, 달래, 두릅, 딸기, 마늘쫑)

제시방법

1. 카드를 꺼내어 1단계 카드는 1단계 카드끼리, 2단계 카드는 2단계 카드끼리 매트 위에 놓아둔다.
2. 봄에 먹는 음식의 1단계 카드를 매트 위에 놓으면서 이름을 말한다.
3. 2단계 카드에서 같은 그림의 카드를 찾아 1단계 카드 옆에 놓으면서 이름을 말한다.
4. 맞는지 확인한다.
5. 교구를 정리한다.

오류의 정정 1단계카드에 의하여

활동 2-5-3 | 우주영역

꽃 분석하기

4월 봄이 되었어요

생활주제 봄이 되었어요.

누리과정 관련영역 자연탐구

적용연령 만 4세 이상

교 구 꽃 부분명칭 벽차트, 꽃 퍼즐

제시방법

1. 큰 매트를 편다.
2. 벽차트를 준비한다.
3. 퍼즐의 각 부분과 벽차트 그림과 매칭해 본다.
4. 다시 퍼즐을 맞춰본다.
5. 교구를 정리한다.

오류의 정정 벽차트 및 퍼즐 정정판

주의점 암술과 수술이 헷갈리지 않도록 지도한다.

응용 및 변형 실물 꽃 분석하기 / 각 부분의 역할 소개하기

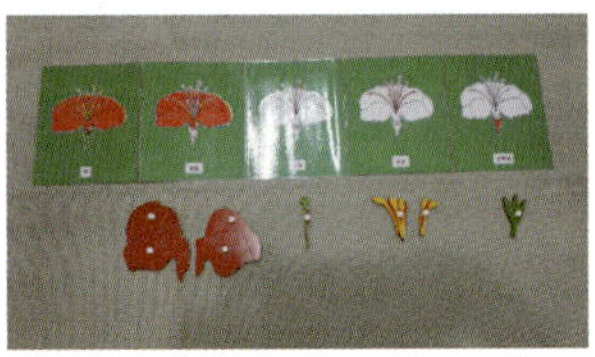

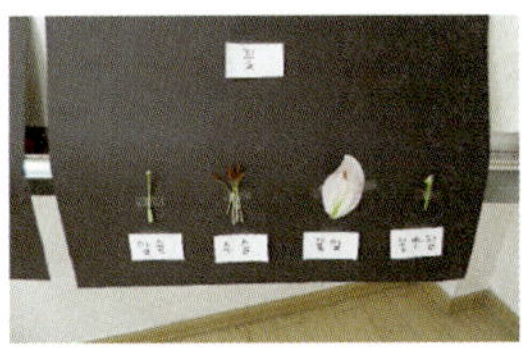

5월 우리가족

활동 3-1-1 | 일상생활영역

우리 가족 옷 개기

생활주제 나와 가족

누리과정 관련영역 신체운동·건강, 사회관계

적용연령 만 4세 이상

교 구 아빠, 엄마, 나, 동생의 옷, 매트

제시방법

1. 아빠, 엄마, 나, 동생의 옷을 차례로 꺼낸다.
2. 옷을 가지런히 놓는다.
3. 옷의 왼쪽을 접어 올리고, 오른쪽도 접어 올린 후 밑의 옷을 위로 올려 접는다.
4. 다 올린 후 앞면이 보이게 뒤집는다. 바구니에 담는다.
5. 교구를 정리한다.

오류의 정정 옷의 왼쪽, 오른쪽을 확실히 접지 않으면 옷이 뭉쳐져 평편하게 개어지지 않음을 알고 스스로 정정할 수 있다.

주의점 오른쪽, 왼쪽에 있는 옷을 먼저 접은 후 아래쪽에 있는 옷을 접는다.

응용 및 변형 가족이 사용하는 일상적인 소품을 이용하여 활동한다.

활동 3-2-1 | 감각영역

엄마의 목걸이–패턴

생활주제 나와 가족

누리과정 관련영역 자연탐구

적용연령 만 4세 이상

교 구 색원기둥, 엄마의 목걸이 판, 매트

제시방법

1. 미리 준비된 엄마의 목걸이 판을 매트 위에 편다.
2. 색원기둥을 가져온다.
3. 자기가 원하는 패턴으로 색원기둥을 놓아본다.
4. 교구를 정리한다.

오류의 정정 놓여진 패턴 색깔이 다름을 스스로 알 수 있다.

주의점 굵기가 같은 원기둥을 놓도록 한다.

응용 및 변형 엄마 목이 있는 얼굴 사진을 제공하여 엄마 목에 곡선으로 목걸이를 놓아보는 활동을 한다.

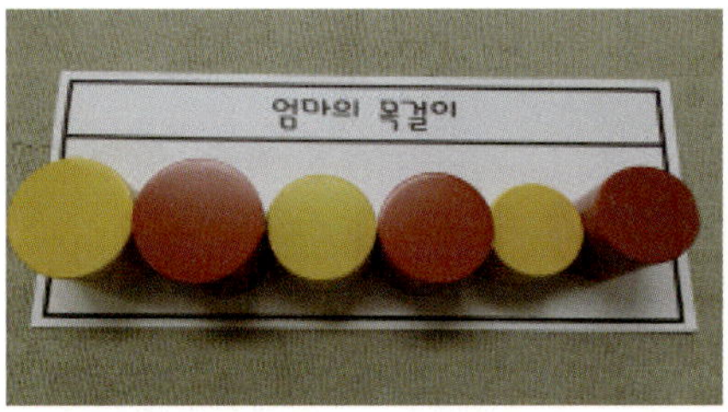

활동 3-3-1 | 수 영역

우리가족은 몇 명일까?

생활주제 나와 가족

누리과정 관련영역 자연탐구

적용연령 만 4세 이상

교 구 여러 명의 가족이 있는 그림자료, 작은 수 막대, 매트

제시방법

1. 여러 명의 가족이 있는 그림자료를 매트에 펼친다.
2. 작은 수 막대를 일렬로 정리한다.
3. 가족의 숫자를 헤아려 본다.
4. 가족의 수만큼 해당하는 수 막대를 가져다 놓는다.

오류의 정정 가족그림 밑에 숫자가 적혀 있으므로 스스로 오류의 정정이 가능하다.

주의점 큰 수막대가 아닌 작은 수막대를 사용하도록 한다.

응용 및 변형 가족(4명)과 가족(6명)을 합해서 가족(10명)이 됨을 수막대로 알아본다.

활동 3-4-1 | 언어영역

어른께 존댓말을 써요.

생활주제 나와 가족

누리과정 관련영역 의사소통, 사회관계

적용연령 만 4세 이상

교 구 존댓말이 있는 그림 카드, 이동글자판(자음과 모음), 매트

제시방법

1. 존댓말이 있는 그림 자료 1장을 매트 위에 놓는다.
2. 이동글자판을 가져온다.
3. 상황에 맞는 그림 자료에 적힌 존댓말을 보고 이동글자로 만들어 본다.
4. 나머지 그림 자료들도 하나씩 해본다.
5. 이동글자를 정리한다.
6. 존댓말이 있는 그림 자료를 정리한다.

오류의 정정 존댓말이 그림카드에 적혀 있으므로 스스로 오류정정이 가능하다.

주의점 이동글자들이 서로 섞이지 않게 잘 정리된 상태에서 해야 흥미를 잃지 않고 자·모음을 찾아 글자를 만들 수 있다.

응용 및 변형 상황에 따른 그림카드와 존댓말을 따로 분리한 후 스토리텔링을 한 후 적절한 존댓말을 찾아서 글자를 만들어 보는 활동을 한다.

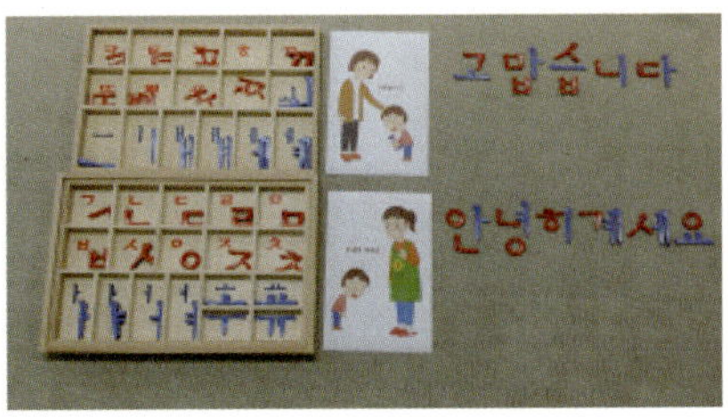

활동 3-5-1 | 우주영역

자연물로 우리가족을 소개해요.

생활주제 나와 가족

누리과정 관련영역 자연탐구, 예술경험

적용연령 만 4세 이상

교 구 다양한 자연물(나뭇가지, 돌, 꽃, 잎사귀), 기하도형 서랍판

제시방법

1. 다양한 자연물을 수집해 온다.
2. 기하도형 서랍을 소개한다.
3. 수집한 자연물로 우리가족 얼굴 꾸미기 활동을 한다.

오류의 정정 얼굴테두리를 작게 하면 눈, 코, 입을 꾸밀 수 없음을 스스로 알 수 있다.

주의점 실외에서의 자연물로 장난을 치지 않도록 주의를 준다.

응용 및 변형 얼굴을 만든 후 나뭇가지로 몸, 팔, 다리를 그려 볼 수 있도록 한다.

6월 동식물과 자연/교통기관

활동 4-1-1 | 일상생활영역

젓가락으로 꽃 옮기기

생활주제 동식물과 자연

누리과정 관련영역 신체운동·건강, 예술경험

적용연령 만 4세 이상

교 구 쟁반, 꽃 모형15개, 젓가락, 오리 모양, 그릇

제시방법

1. 유아를 초청한다
2. 꽃 모형 그릇을 왼쪽에 놓고 오리 모양을 오른쪽에 나열한다.
3. 왼손을 사용하여 오른손에 젓가락을 한 개씩 손에 얹는다.
4. 젓가락을 열었다, 닫았다 하는 것을 인지하여 준다.
5. 젓가락을 사용하여 꽃 모형을 오리 모양에 하나씩 옮긴다.
6. 다 옮긴 후 젓가락을 놓을 때 왼손이 오른손을 도와 내려놓는다.
7. 작업을 관찰한다.
8. 다시 제자리에 옮겨 담는다.
9. 활동이 끝난 후 유아에게 활동의 여부를 물어본다.
10. 교구를 정리한다.

오류의 정정

- 내용물과 젓가락의 크기가 맞지 않는 것
- 젓가락이 매끄럽거나 내용물의 표면이 매끄러울 경우 잘 집어지지 않는 것

응용 및 변형

- 그릇의 수를 늘려서 작업해 볼 수 있다.
- 젓가락의 크기를 점점 작게 하여 난이도를 조절할 수 있다.

활동 4-2-1 | 감각영역

도형으로 교통기관 만들기

생활주제 교통기관

누리과정 관련영역 자연탐구, 의사소통

적용연령 만 4세 이상

교 구 매트, 기하도형 겹치기

제시방법

1. 유아를 초청한다
2. 매트를 펴고 교구를 매트 위로 가져온다.
3. 직사각형의 뚜껑을 열어 상자 밑에 둔다.
4. 상자 속에서 겹쳐진 빨간색 원 10개를 겹쳐진 채로 한꺼번에 꺼낸다.
5. 가장 큰 원을 매트의 왼쪽 상단에 놓는다.
6. 나머지도 큰 것에서부터 작은 것으로 왼쪽에서 오른쪽 방향으로 놓는다.
7. 위와 같은 방법으로 사각형과 삼각형도 작업을 한다.
8. 도형을 크기대로 겹쳐 놓는다.
9. 모양이 다른 도형 2쌍을 겹쳐 놓는다.
10. 여러 가지 도형을 이용하여 교통기관(기차, 버스, 비행기)을 만들어 본다.
11. 기차의 몸체를 사각형으로 큰 것에서 작은 것 순으로 놓고 바퀴부분은 원으로 큰 것에서 작은 것 순으로 놓는다.
12. 다시 제자리에 옮겨 담는다.
13. 활동이 끝난 후 유아에게 활동의 여부를 물어본다.
14. 교구를 정리한다.

오류의 정정 시각에의 부조화

응용 및 변형

- 유아가 종이를 이용하여 그리기, 자르기, 칠하기 등의 다양한 방법으로 작업해 볼 수 있다.

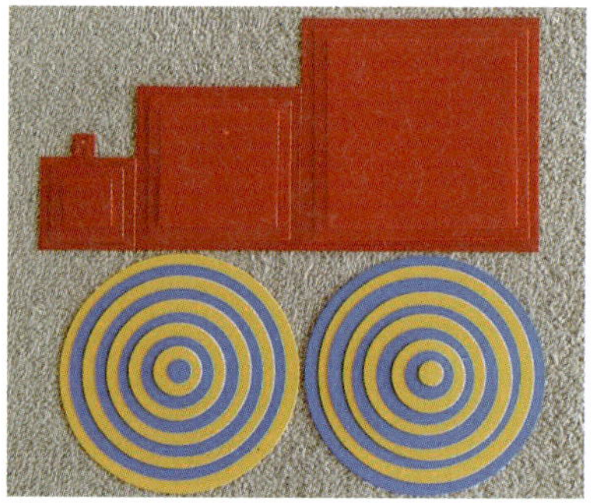

활동 4-3-1 | 수 영역

곰돌이 집

6월 동식물과 자연/교통기관

생활주제 동식물과 자연

누리과정 관련영역 자연탐구

적용연령 만 4세 이상

교 구 쟁반, 색지로 만든 집 1~10, 곰돌이 55마리, 그릇

제시방법

1. 유아를 초청한다
2. 바구니에 있는 집 1~10을 매트 위 왼쪽에서 오른쪽으로 나열한다.
3. 유아에게 "선생님이 손가락으로 곰돌이를 어떻게 옮기는지 보여주고 싶은데 ㅇㅇ는 어때요?"라고 말한다.
4. 곰돌이를 옮기는 데 세 손가락을 이용할 것을 인지시켜준다.
5. 집에 적혀 있는 숫자만큼 곰돌이를 예쁜 집에 놓는다.
6. 다 옮긴 후 숫자를 읽고 곰돌이를 센다.
7. 다시 제자리에 옮겨 담는다.
8. 활동이 끝난 후 유아에게 활동의 여부를 물어본다.
9. 교구를 정리한다.

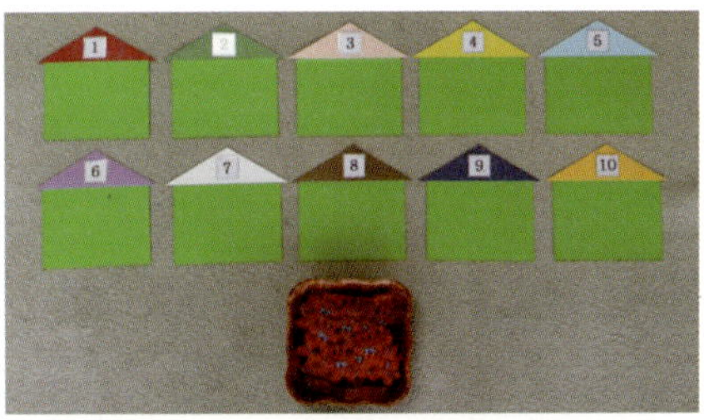

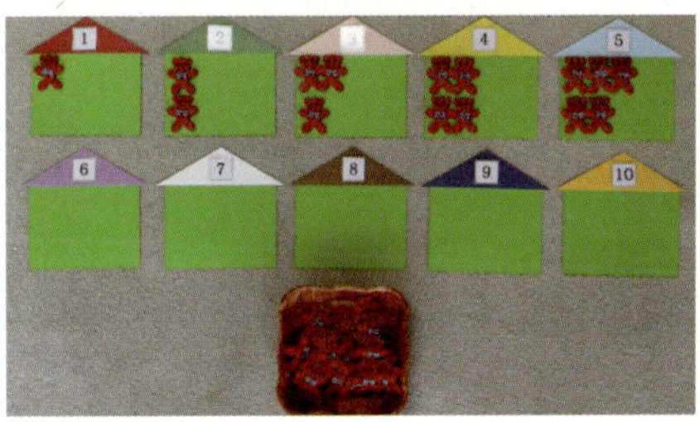

오류의 정정

- 곰돌이의 숫자가 남거나 부족한 것

응용 및 변형

- 오징어 발에 숫자만큼 집게 꽂기
- 바다 속 풍경에서 숫자만큼 돌고래 놓기

활동 4-4-1 | 언어영역

교통안전 약속을 지켜요

생활주제 교통기관

누리과정 관련영역 신체운동·건강, 사회관계

적용연령 만 5세 이상

교 구 매트, 교통안전 표지판, 3단계 카드

제시방법

1. 유아를 초청한다
2. 매트를 펴고 교구를 매트 위로 가져온다.
3. 교통안전 표지판 카드를 하나씩 놓으면서 유아와 이야기를 나눈다.
4. '횡단보도' 표지판을 놓으면서 어디에서 봤는지 질문한다.
5. 그림을 보고 어떤 의미인지도 질문하고 이야기를 나누고 작업한다.
6. "이 표지판은 횡단보도입니다. 이 표지가 있는 곳은 사람들이 지나는 곳이지만 주위의 차에 대해서는 조심하세요."라고 말한다.
7. 다른 교통안전 표지판도 소개한다.
8. 교통안전 3단계 카드로 작업을 한다.
9. 다시 제자리에 옮겨 담는다.
10. 활동이 끝난 후 유아에게 활동의 여부를 물어본다.
11. 교구를 정리한다.

오류의 정정

- 교사에 의한 정정
- 정정표시에 의한 정정

응용 및 변형

- 교통표지판을 이용하여 도미노 게임을 할 수 있다.
- 상황에 따른 창의적인 교통표지판을 만들어 볼 수 있다.

활동 4-5-1 | 우주영역

사는 곳이 달라요

생활주제 동식물과 자연

누리과정 관련영역 자연탐구

적용연령 만 5세 이상

교 구 매트, 쟁반, 그림카드(극지방, 사막, 초원, 동물 사진), 글자카드, 상자, 그릇

제시방법

1. 유아를 초청한다
2. 매트를 펴고 교구를 매트 위로 가져온다.
3. 그림카드 하나를 꺼내 보이며 어디에 속하는 그림인지 유아와 이야기 나누고 "극지방"이라고 말한다.
4. '극지방'글자카드를 그림카드 아래에 놓는다.
5. 위와 같은 방법으로 '사막'과 '초원'도 같은 방법으로 그림카드와 글자카드를 놓는다.
6. 유아와 함께 각 지역의 동물들이 살아가는 방법에 대해서 이야기를 나눈다.
7. '극지방'의 그림카드 아래에 '하프 물범', '황제 펭귄', '북극곰', '북극 여우' 동물사진을 놓고 동물의 글자카드를 맞추어 놓는다.
   (낙타, 사막전갈, 미어캣, 사막여우, 얼룩말, 치타, 코끼리, 기린)
8. 작업을 관찰한다.
9. 다시 제자리에 옮겨 담는다.
10. 활동이 끝난 후 유아에게 활동의 여부를 물어본다.
11. 교구를 정리한다.

오류의 정정

- 교사에 의한 정정
- 정정표시에 의한 정정

응용 및 변형

- 제시된 동물 이외에도 다른 '극지방', '사막', '초원' 동물의 사진을 찾아서 그림카드를 만들어 작업해 볼 수 있다.

7·8월 여름/건강과 안전

활동 5-1-1 | 일상생활영역

물고기 옮기기–뜰채 사용하기

생활주제 여름

누리과정 관련영역 신체운동·건강

적용연령 만 4세 이상

교 구 그릇 2개, 물고기 모형, 뜰채, 쟁반, 비닐 매트, 스펀지

제시방법

1. 왼쪽의 그릇 속에 있는 물고기를 눈으로 관찰한다.
2. 국자를 쥐고 왼쪽 그릇 속의 물고기를 오른쪽 그릇에 옮긴다.
3. 왼쪽의 수박을 모두 옮기고 나면 오른쪽의 물고기를 왼쪽으로 다시 옮긴다.
4. 스펀지로 뜰채와 쟁반, 비닐매트 등 주변의 물기를 제거한다.
5. 교구를 정리한다.

오류의 정정 내용물을 흘림

주의점 쉽게 부서지지 않는 재질로 된 모형을 준비한다.

응용 및 변형

- 다양한 내용물로 교체할 수 있다.
- 다양한 도구를 사용할 수 있다.

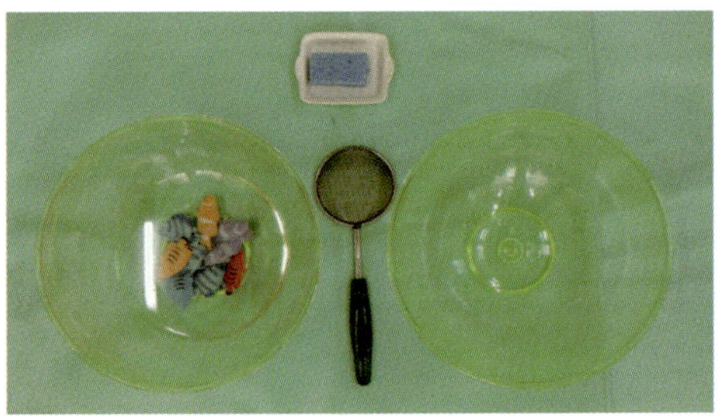

활동 5-2-1 | 감각영역

비밀주머니-여름과 관련있는 것

생활주제 여름

누리과정 관련영역 자연탐구

적용연령 만 4세 이상

교 구 여름과 관련있는 사물을 담은 비밀주머니

제시방법

1. 첫 비밀주머니의 속의 사물을 하나씩 꺼내면서 이름을 말한다.
   "불가사리, 튜브, ……." 등
2. 사물을 다시 비밀주머니 안에 넣는다.
3. 비밀주머니에 손을 넣어 사물의 이름을 말하고 꺼내서 확인 후 매트 위에 놓는다.
4. 나머지도 같은 방법으로 한다.
5. 교구를 정리한다.

오류의 정정

- 시각에 의함
- 주머니에서 물건을 꺼냈을 때

주의점

- 날카로운 사물을 넣지 않는다.

응용 및 변형

- 여름과 관련있는 다른 사물들을 사용한다.
- 2개의 비밀주머니를 이용한다.

활동 5-3-1 | 수영역

어항 속에 물고기

생활주제 여름

누리과정 관련영역 자연탐구

적용연령 만 3세 이상

교 구 미니 부직포 어항 10개, 물고기 55개, 물고기 담긴 그릇

제시방법

1. 어항을 1부터 10까지 왼쪽에서 오른쪽으로 나열한다.
2. 어항에 있는 숫자를 손가락으로 가리키고 숫자만큼 물고기를 어항에 놓는다.
3. 물고기를 놓을 때 숫자를 말하며 놓는다.
4. 1~10까지 숫자를 읽고 물고기를 센다.
5. 교구를 정리한다.

오류의 정정 틀리면 모형이 남거나 부족함

응용 및 변형 홀수와 짝수를 알 수 있다.

활동 5-4-1 | 언어영역

운동 경기

생활주제 건강과 안전

누리과정 관련영역 의사소통

적용연령 만 4세 이상

교 구 운동경기 명칭카드(그림과 이름카드, 그림카드, 이름카드)

제시방법

1. 그림과 이름이 함께 있는 카드를 매트 위에 왼쪽에서 오른쪽으로 나열한다.
2. 1번의 카드를 모두 나열하고 나면 그 아래에 그림카드를 짝 맞추어 나열한다.
3. 2번의 그림카드를 모두 나열하고 나면 그 아래에 이름카드를 같은 방법으로 나열한다.
4. 3종의 카드를 처음부터 끝까지 확인한다.
5. 교구를 정리한다.

오류의 정정

- 카드와 이름이 잘못 짝 맞추어진 경우
- 정정 표시에 의한 정정

응용 및 변형

- 여러 가지 종류의 그림카드와 이름 짝 맞추기

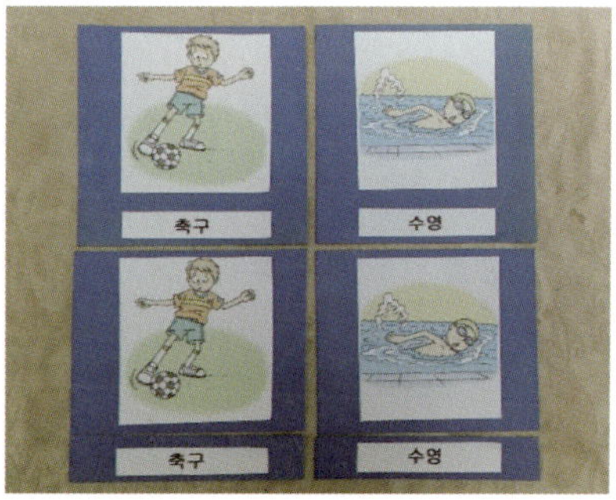

활동 5-5-1 | 우주영역

물고기 퍼즐

생활주제 여름

누리과정 관련영역 자연탐구

적용연령 만 4세 이상

교 구 물고기 퍼즐, 물고기 선 그림판

제시방법

1. 매트의 왼쪽에 물고기 퍼즐판을 놓고 오른쪽에 물고기 선 그림판을 놓는다.
2. 퍼즐판에 있는 조각들을 선 그림 위로 옮겨 놓는다.
3. 완성된 물고기를 확인하고 퍼즐조각을 원래의 퍼즐 판으로 옮겨 정리한다.
4. 교구를 정리한다.

오류의 정정

- 퍼즐이 남거나 부족할 때
- 물고기의 모습이 온전히 완성되지 않을 때

응용 및 변형

- 선 그림판 없이 매트 위에 퍼즐을 놓아보고 정정판을 보고 확인한다.

9월 가을 /생활도구

활동 6-1-1 | 일상생활영역

쓸기

생활주제 생활도구

누리과정 관련영역 사회관계

적용연령 만 3세 이상

교 구 빗자루세트, 정정선이 있는 쟁반 또는 매트, 쓰레기(색종이를 접어서), 쓰레기를 담을 그릇

제시방법

1. 교구명을 소개한다. "이 교구의 이름은 쓸기입니다."
2. 쟁반에 있는 빗자루를 쟁반 왼편에 내려놓는다.
3. 오른손으로 쓰레기가 담긴 그릇을 들고 쟁반에 흩어지도록 부어준다.
4. 오른손으로 빗자루를 들고 쓰레받기에 담는다.
5. 쓰레기를 담을 그릇에 쓰레받기를 기울여 모서리를 따라서 쓰레기가 흘러내리도록 담아준다.
6. 교구를 정리한다.

오류의 정정

- 쓰레받기의 크기에 비해 쓰레기를 담을 그릇이 작아서 쓰레기가 밖으로 흘러내릴 수 있다.

응용 및 변형

- 정정선의 면적을 줄여서 난이도를 조정하거나 빗자루의 크기를 작게 하여 쓸어 볼 수 있다.

활동 6-2-1 | 감각영역

나뭇잎 도형서랍

생활주제 가을

누리과정 관련영역 자연탐구

적용연령 만 3세 이상

교 구 녹색 바닥의 3단 서랍의 나무서랍장, 14개의 녹색 나뭇잎 모양의 도형, 지시용 나무막대

제시방법

1. 가을에 볼 수 있는 다양한 나뭇잎의 명칭과 모양에 대하여 이야기 나눈다.
2. 3개의 대조적인 나뭇잎 모양이 들어있는 서랍을 들고 매트 위로 가져간다.
3. 왼손으로 도형의 꼭지를 잡고 오른손으로 막대를 잡는다.
4. 나뭇잎 도형 모양 중에서 하나를 뒤집어서 유아가 전체 모양을 볼 수 있게 한다.
5. 막대를 이용하여 모양 둘레를 시계방향으로 가볍게 도형을 덧그린다.
6. 도형 틀 아래 비어 있는 틀 위에 도형을 놓는다.
7. 같은 방법으로 나머지 도형도 두세 번 덧그리고 공백의 틀에 도형을 놓는다.

6. 교구를 정리한다.

오류의 정정 도형이 틀에 맞지 않을 때

응용 및 변형

- 실제의 나뭇잎으로 명칭연습을 하는 것
- 도형을 모두 꺼내 같은 종류로 된 것을 찾아보자(직선/곡선 분류)
  - 끈으로 원 틀을 만들어 틀 안에 분류한다.
- 거리를 둔 동일성 찾기 - 거리를 두고 도형과 틀 맞추기
- 환경 내에서 같은 모양 찾기

- 눈 가리고 도형 알아 맞히기
- 코르크판 위에 나뭇잎 모양 핀포킹 해보기
- 도형따라 그려 오려 붙이기
- 도형을 그리고 나서 색종이로 찢어 붙이기
- 실제 나뭇잎 찾기

활동 6-3-1 | 수영역

기억놀이

생활주제 가을

누리과정 관련영역 사회관계, 자연탐구

적용연령 만 3세 이상

교 구
- 숫자가 쓰여진 카드(1~10까지 10장)
- 55개의 실물(은행)
- 실물을 담을 그릇
- 수 카드를 담을 그릇(주머니)

제시방법

1. 유아를 2명 이상 초대하고 매트를 가져와 편다.
2. 교구장에서 교구를 가져와서 매트 위에 놓는다.
3. 쟁반 위에 담긴 수 카드상자와 실물 그릇을 차례로 꺼내어 매트 위에 놓는다.
4. 쟁반을 매트 아래쪽으로 내려놓는다.
5. 매트 위에 준비된 교구들을 관찰한다.
6. "이것은 가을에 볼 수 있는 열매로 은행이라고 해요."
7. 수 카드를 가지고 갈 차례가 필요하다는 것을 유아들에게 이야기한다.
8. "이제부터 수 카드를 차례대로 가지고 갈 거예요. 카드를 가지고 간 친구들은 혼자서만 카드에 적힌 수를 읽어보고 머릿속에 기억해 놓으세요. 그리고 난 다음, 카드를 덮어놓고 카드에 적힌 수만큼 여기의 은행을 가지고 가서 자기 앞에 놓고 기다려 주세요."
9. 초대된 유아들은 차례대로 자신이 원하는 카드를 뽑아서 적힌 숫자를 보고 기억한 후 카드를 접어서 자기 무릎 밑에 놓는다.

10. "내가 기억하고 있는 수만큼 은행 알을 가져갈 거예요." 하고 하나씩 가져갈 때마다 '일', '이'라고 수를 말하고 가져간다.
11. 가지고 온 은행 알을 자기 앞에 놓는다.
12. 모두 작업한 것을 확인한다.
13. 한 명씩 차례로 수 카드를 그릇에 담는다.
14. 실물(은행)도 차례대로 그릇에 담는다.
15. 교구쟁반을 가져와 정리한 후 교구장에 갖다 놓는다.
16. 매트를 정리한다.

오류의 정정 실물이 남거나 모자랄 경우, 수 카드를 읽지 못할 때

응용 및 변형

- 각 그룹에서 교사 역할을 할 수 있는 유아를 선택하여 교사를 대신하여 놀이를 해 볼 수 있다.
- 은행 알 대신 다른 실물을 할 수도 있다.

활동 6-4-1 | 언어영역

도구그림과 명칭 짝짓기

생활주제 생활도구

누리과정 관련영역 의사소통, 사회관계

적용연령 만 3세 이상

교 구 도구에 관한 그림 카드(일체형-그림과 명칭 카드, 분리형-그림카드, 명칭카드)

제시방법

1. 교재를 가져와 매트 위에 놓는다.
2. 3단계 명칭학습법으로 제공한다.
3. "이것은 ○○입니다." 하며 일체형 그림카드를 매트 왼쪽 위에 놓는다.(1단계)
4. 다른 그림카드도 같은 방법으로 매트 왼쪽부터 차례대로 놓는다.
5. 분리형 그림카드를 매트 오른쪽 아래에 펼쳐놓는다.
6. "○○이 어디 있어요." 하며 분리형 카드를 같은 그림에 찾아 오른쪽 옆에 놓는다. (2단계)
7. 다른 그림카드도 같은 방법으로 같은 그림 옆에 놓는다.
8. 명칭카드를 매트 오른쪽 아래에 펼쳐놓는다.
9. "이것은 뭐예요?"하며 명칭카드를 찾아 같은 글자를 찾아 그림카드 밑에 놓는다. (3단계)
10. 나머지 명칭카드도 그림 아래쪽에 놓는다.
11. 손가락으로 짚으며 명칭을 읽어본다.
12. 교구를 정리한다.

오류의 정정 도구에 관한 그림이 생소하거나 모호할 때

응용 및 변형

- 익숙해지면 1단계를 빼고 2, 3단계만으로 할 수 있다.
- 다른 곳에 쓰이는 도구들도 제공해 준다.
  (부엌에서 쓰는 도구, 미술용품, 글자, 수 등)
- 나이에 따라 조절해서 제공해 준다.
  (어릴 경우: 종류를 작게 제공 - 3, 4종류)

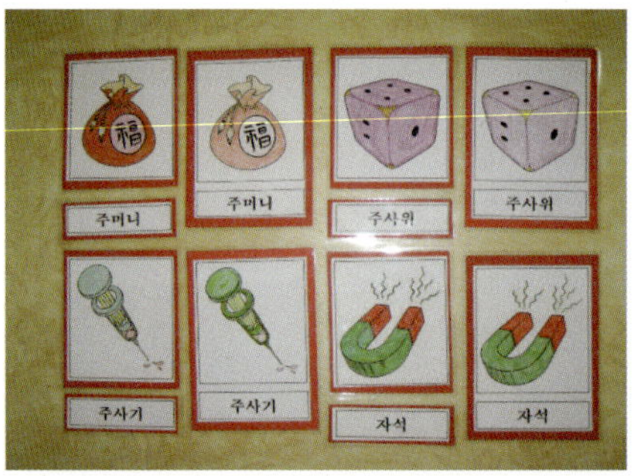

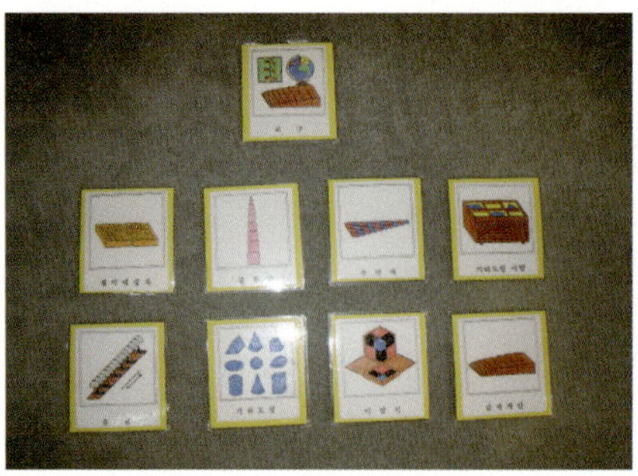

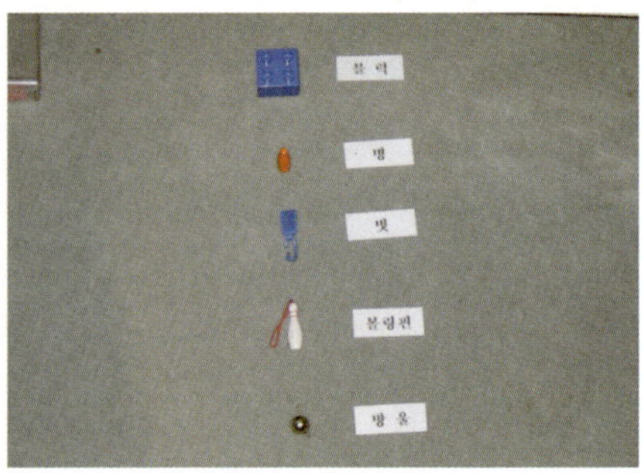

활동 6-5-1 | 우주영역

사계절 나무

생활주제 가을

누리과정 관련영역 사회관계, 자연탐구

적용연령 만 4세 이상

교 구

- 실제 4계절 풍경을 실은 각 사진 풍경 카드
- 사계절의 변화를 볼 수 있는 나무그림 카드

제시방법

1. 교구장에서 교구를 가져와서 매트 위에 놓는다.
2. 먼저 사계절과 관련된 동화책을 읽어준다.
3. 각 계절마다 특색있는 풍경에 대하여 이야기 나눈다.
4. 각 계절별 나무의 변화에 대해서도 함께 이야기 나눈다.
5. 사계절 나무카드를 일체형과 분리형을 나누어 매칭하여 제시한다.
6. 일체형 카드 옆에 분리형카드를 하나씩 놓는다.
5. 교구를 정리한다.

오류의 정정

- 나무의 사계절변화가 잘 드러나지 않을때

응용 및 변형

- 나무, 뿌리, 줄기, 가지, 잎 등 나무의 부분명칭교구로 제시할 수 있다.
- 그 외 꽃 부분, 잎 부분, 나무 부분 등의 명칭 사전 만들기로 응용할 수 있다.

9월 가을/생활도구

10월 우리나라

활동 7-1-1 | 일상생활영역

한복 옷고름 매기

생활주제 우리나라

누리과정 관련영역 의사소통, 사회관계, 자연탐구

적용연령 만 3세 이상

교 구 여자 한복 저고리

제시방법

1. 어린이를 교구가 있는 교구장으로 데려가 "이것은 한복 옷고름 매기입니다."라고 소개한다.
2. 교실의 빈 공간에 매트를 편다.
3. 교사는 어린이가 사용하는 손 쪽 옆에 앉는다(왼손잡이 유아일 경우, 교사가 유아의 왼쪽에 앉는다.).
4. 옷고름을 천천히 푼다.
5. 옷고름을 양 옆으로 펼쳐 놓는다.
6. 옷고름을 천천히 맨다.
7. 교구를 정리해서 교구장에 갖다 놓는다.
8. 매트를 정리한다.

오류의 정정

- 옷고름의 위치가 바뀌었을 때

주의점

- 옷고름 매는 순서를 잘 모를 경우 옷고름 매는 순서에 대한 그림 자료를 제공한다.
- 어린이가 원하면 한복을 직접 입어 보게 한다.

응용 및 변형

- 여자 한복 입는 법, 남자 한복 입는 법

활동 7-2-1 | 감각영역

한복 천 짝 맞추기

생활주제 우리나라

누리과정 관련영역 의사소통, 사회관계

적용연령 만 4세 이상

교 구 각각 한 쌍씩의 감촉이 서로 다른 한복 천, 집게

제시방법

1. 어린이를 교구가 있는 교구장으로 데려가 "이것은 한복 천 짝 맞추기입니다."라고 소개한다.
2. 교실의 빈 공간에 매트를 편다.
3. 교사는 어린이가 사용하는 손 쪽 옆에 앉는다.
4. 집게에 꽂혀져 있는 두 개의 옷감을 가져와 매트 중앙에 놓는다.
5. 옷감 한 개를 가져와 가장 위에 있는 옷감을 손바닥과 손바닥 사이에 놓아 만져본다.
6. 만져본 옷감을 매트 왼쪽 상단에 놓는다.
7. 나머지의 옷감도 같은 방법으로 활동하여 위에서 아래로 나열한다.
8. 남아 있는 옷감을 하나씩 만져 보면서 같은 짝을 찾는다.
9. 교구를 정리해서 교구장에 갖다 놓는다.
10. 매트를 정리한다.

오류의 정정 촉감에 의해 짝을 잘못 찾았을 때

주의점 어린이가 촉감이 아닌 눈으로 보려고 할 때는 안대를 착용할 수도 있다.

응용 및 변형

- 옷감의 거친 정도를 순서대로 나열해 보기
  (부드러운 것→거친 것)

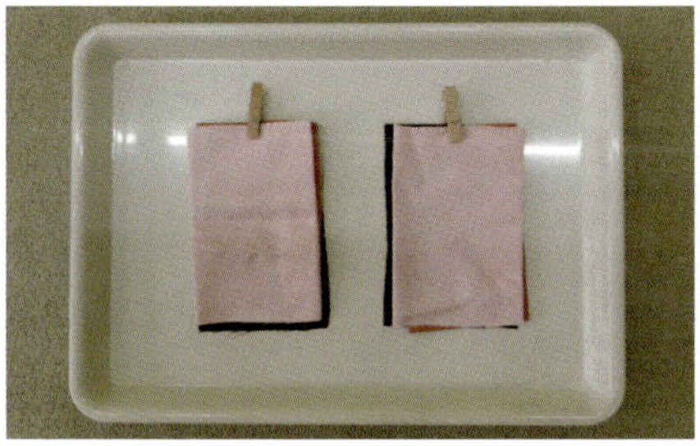

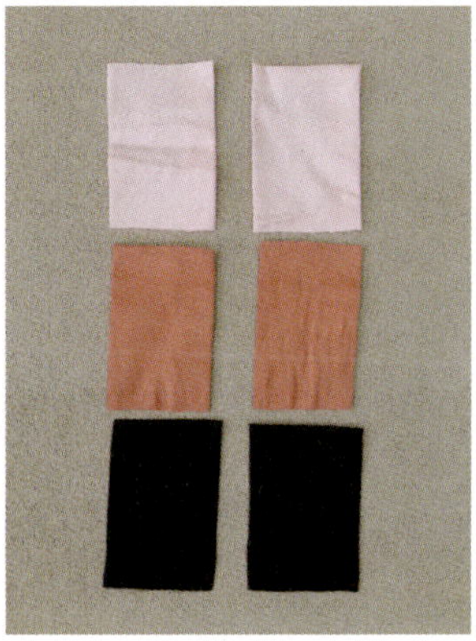

활동 7-3-1 | 수영역

문양 패턴

생활주제 우리나라

누리과정 관련영역 사회관계, 예술경험, 자연탐구

적용연령 만 4세 이상

교 구 문양 조각 3종류, 문양판

제시방법

1. 어린이를 교구가 있는 교구장으로 데려가 "이것은 문양 패턴입니다." 라고 소개한다.
2. 교실의 빈 공간에 매트를 편다.
3. 교사는 어린이가 사용하는 손 쪽 옆에 앉는다.
4. 문양의 패턴판을 꺼내어 매트 상단의 왼쪽에 놓는다.
5. 선이 그어져 있는 제시용 문양판을 아래에 놓는다.
6. 문양을 분류하면서 매트 위에 놓는다.
7. 제시용 문양 패턴판을 가리키며 "이 문양 패턴과 똑같은 문양을 여기에 있는 문양에서 찾아 놓아 보도록 해요."라고 말한다.
8. 어린이에게 놓아 보게 한 후 다 놓여진 것을 잠시 살펴본다.
9. 교구를 정리해서 교구장에 갖다 놓는다.
10. 매트를 정리한다.

오류의 정정

- 패턴과 다르게 놓는 경우

주의점

- 한복이나 장신구에 있는 다양한 문양 그림을 활용하여 패턴 활동을 한다.

응용 및 변형

- 여러 가지 문양의 그림 놓기, 좀 더 어려운 패턴 배열하기

활동 7-4-1 | 언어영역

풍속도 그림 맞추기

생활주제 우리나라

누리과정 관련영역 의사소통, 사회관계, 예술 경험

적용연령 만 3세 이상

교 구 풍속도 전체 그림, 부분 그림

제시방법

1. 어린이를 교구가 있는 교구장으로 데려가 "이것은 풍속도 그림 맞추기 입니다."라고 소개한다.
2. 교실의 빈 공간에 매트를 편다.
3. 교사는 어린이가 사용하는 손 쪽 옆에 앉는다.
4. 어린이에게 전체 그림을 보여 주면서 무슨 그림인지 생각해 보게 한 후 "이것은 김홍도의 씨름입니다."라고 말하며 매트 중앙에 놓는다.
5. 전체 그림 아래에 부분 카드를 왼쪽에서 오른쪽으로 놓아 간다.
6. 전체 그림에 빠져 있는 곳에 부분 그림 카드를 찾아 올린다.
7. 교구를 정리해서 교구장에 갖다 놓는다.
8. 매트를 정리한다.

오류의 정정

- 부분 그림이 맞지 않을 때

주의점

- 다양한 풍속도와 초충도를 보여준다.
- 민화 이야기 꾸미기를 활동해 본다.

응용 및 변형

- 풍속화의 씨름을 따라해 보기

활동 7-5-1 | 우주영역

우리나라 문화재

생활주제 우리나라

누리과정 관련영역 사회관계, 자연탐구

적용연령 만 3세 이상

교 구 첨성대, 다보탑, 석가탑 모형물, 그림카드

제시방법

1. 어린이를 교구가 있는 교구장으로 데려가 "이것은 우리나라 문화재입니다."라고 소개한다.
2. 교실의 빈 공간에 매트를 편다.
3. 교사는 어린이가 사용하는 손 쪽 옆에 앉는다.
4. 첨성대, 다보탑, 석가탑 모형물을 한 개씩 꺼내며 소개한다.
5. 첨성대, 다보탑, 석가탑 그림카드를 꺼낸다.
6. 첨성대, 다보탑, 석가탑 모형물과 그림카드, 명칭카드를 짝짓기 한다.
7. 교구를 정리해서 교구장에 갖다 놓는다.
8. 매트를 정리한다.

오류의 정정

- 모형물과 그림카드를 잘못 짝짓는 경우
- 모형물과 명칭카드를 잘못 짝짓는 경우

주의점

- 사전 활동으로 첨성대, 석가탑, 다보탑에 대해 소개한다.
- 다른 문화재에 대해서도 활동한다.

응용 및 변형

- 응용 및 변형 : 쌓기 블록을 이용하여 문화재 쌓아보기

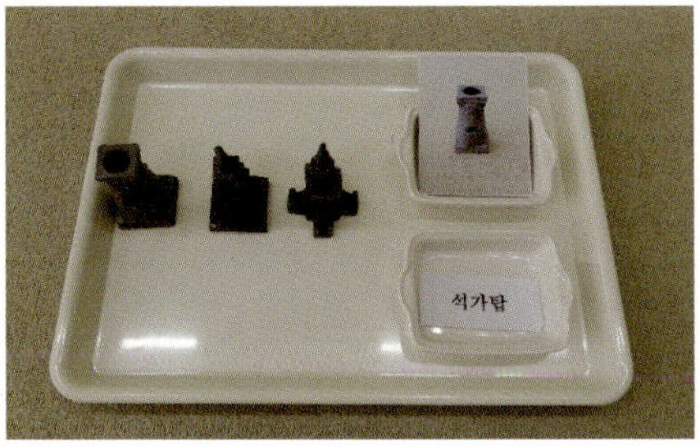

11월 세계 여러나라

활동 8-1-1 | 일상생활영역

피자토스트

생활주제 세계 여러 나라 사람들의 생활과 문화유산

누리과정 관련영역 사회관계, 자연탐구

적용연령 만 5세 이상

교 구 요리 순서도, 요리 재료(접시, 유아용 칼, 토스트기, 전자렌지, 식빵, 햄, 양파, 피자치즈 등)

제시방법

1. 피자를 먹어본 경험에 대해 이야기 나눈다.
2. 요리 재료를 하나씩 소개하며 탐색한다.
3. 재료를 보며 어떤 요리를 할 수 있을지 생각해 본다.
4. 요리 순서도를 보며 피자 토스트를 만든다.
5. 만든 피자 토스트를 우유와 함께 간식으로 먹는다.
6. 요리를 하고 난 느낌에 대해 이야기 나눈다.

오류의 정정 빵을 태우지 않는다.

주의점 칼이나 전자렌지 사용 시 안전이나 화상에 주의한다.

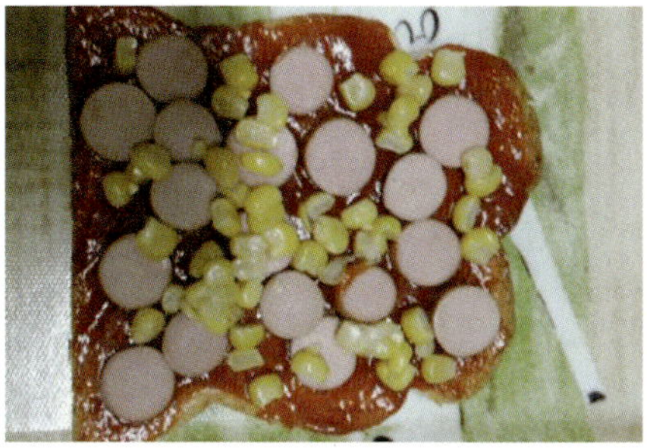

활동 8-2-1 | 감각영역

세계 여러 나라의 국기 퍼즐

생활주제 세계 여러 나라 - 반가워! 세계 여러 나라 친구들

누리과정 관련영역 사회관계, 자연탐구

적용연령 만 4세 이상

교 구 색지구본, 세계 여러 나라의 국기 퍼즐

제시방법

1. 지구본을 보며 이야기 나눈다.
2. 세계 여러 나라 국기 카드를 보며 나라명과 국기의 특징에 대해 이야기를 나눈다.
3. 활동 방법을 알아본다.
4. '세계 여러 나라의 국기 퍼즐' 활동을 한다.
5. '세계 여러 나라의 국기 퍼즐' 활동 후 이야기 나눈다.

오류의 정정

- 국기의 퍼즐을 잘못 맞추었을 때
- 국기와 나라이름을 잘못 맞추었을 때

응용 및 변형

- 퍼즐조각 국기 핀포킹

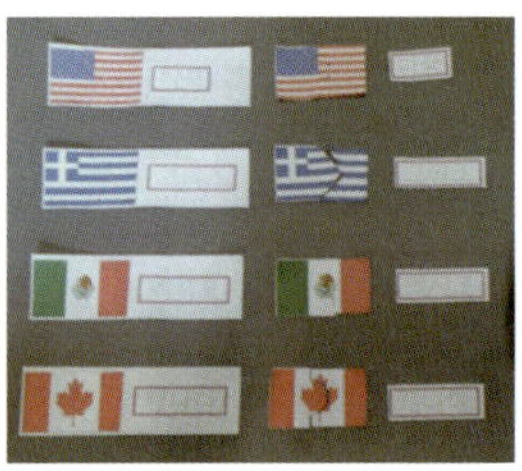

활동 8-3-1 | 수영역

마라톤 대회

생활주제 세계 여러 나라-세계 여러 나라와의 교류

누리과정 관련영역 사회관계, 자연탐구

적용연령 만 4세 이상

교 구 마라톤 말판, 숫자주사위, 말

제시방법

1. 마라톤 경기에 대해 이야기 나눈다.
2. 게임판을 보며 이야기 나눈다.
3. 교구 놀이 방법을 소개한다.
4. 친구와 함께 게임을 한다.
5. 게임이 끝나면 함께 정리한다.

오류의 정정 말을 수에 맞지 않게 옮겨가기

주의점

- 주사위를 멀리 던지지 않는다.
- 순서를 기다린다.

응용 및 변형

- 주사위 던진 수만큼 덧셈하여 수 카드 연속 놓아보기

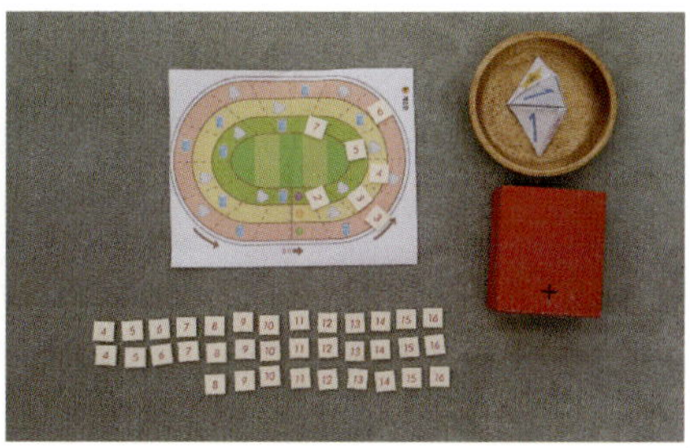

활동 8-4-1 | 언어영역

세계 여러 나라의 집 책 만들기

생활주제 세계 여러 나라-세계 여러 나라 사람들의 생활과 문화유산

누리과정 관련영역 의사소통, 사회관계

적용연령 만5세 이상

교 구 세계 여러 나라의 집 사진, '세계 여러 나라의 집 책 만들기' 활동 자료(쓰기도구, 세계 여러 나라의 집 작은 사진, 가위, 풀, 펀치기, 리본끈 등)

제시방법

1. 세계 여러 나라의 다양한 집에 대해 이야기 나누어 본다.
2. 활동 방법을 알아본다.
3. '세계 여러 나라의 집 책 만들기' 활동을 한다.
4. '세계 여러 나라의 집 책 만들기' 활동 후 나라 이름과 집 이름을 써본다.

오류의 정정 나라와 집이 다를 때

주의점 도구 사용 시 안전에 주의한다.

응용 및 변형

- 책상 달력 책 만들기
- 도화지(색지)에 붙여서 책 만들기
- 세계 여러 나라 이름 적기
- 세계 국기 위에 나라 모형 인형 놓기

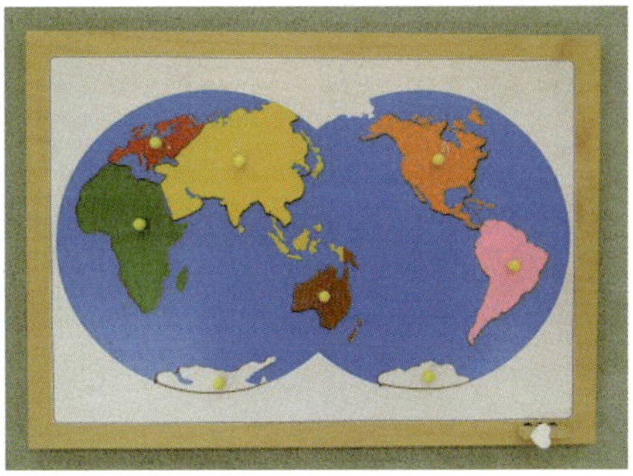

응용 및 변형 – 세계국기 위에 인형 올리기

활동 8-5-1 | 우주영역

같은 국기를 찾아요

생활주제 세계 여러 나라-세계 여러 나라와의 교류

누리과정 관련영역 의사소통, 자연탐구

적용연령 만 5세 이상

교 구 아시안 게임 참가국 국기 2세트

제시방법

1. 아시안 게임에 대해 이야기 나눈다.
2. 오늘의 활동과 준비된 재료들을 알아본다.
3. 활동 방법을 알아본다.
4. '같은 국기를 찾아요.' 활동을 한다.
5. '같은 국기를 찾아요.' 활동이 끝난 후 이야기 나눈다.

오류의 정정

- 교사에 의해서
- 어린이에 의해서

주의점 아시안 참가국 알기

응용 및 변형

- 아시안 게임 참가국 수수께끼 활동
- 내가 좋아하는 국가의 국기 그리기
- 아시아 대륙에 국기 찾아 넣기
- 아시아나라 국기와 이름 맞추기

같은 국기를 찾아요

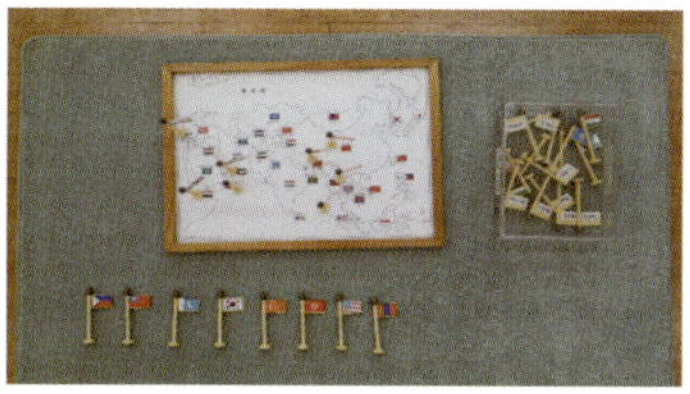

응용 및 변형 – 국기 찾아 놓기

12월 겨울

활동 9-1-1 | 일상생활영역

겨울 옷 바느질

생활주제 겨울-추운 겨울나기

누리과정 관련영역 신체운동·건강, 사회관계

적용연령 만 4세 이상

교 구 겨울 옷, 바느질 상자

제시방법

1. 여름과 겨울 옷의 차이에 대해 비교해 본다.
2. 옷에 단추가 떨어졌을 때 어떻게 하면 좋을지 이야기를 나눈다.
3. 바느질하는 순서에 대해 알아본다.
4. 순서에 따라 바느질을 해본다.
5. 바느질 후 느낌에 대해 의견을 나눈다.

오류의 정정

- 단추가 떨어짐
- 단추 단 부분에 실이 삐져나옴

주의점 바늘을 사용하지 않을 때는 반드시 바늘집에 꽂는다.

응용 및 변형

- 친구 겨울 옷 단추달기

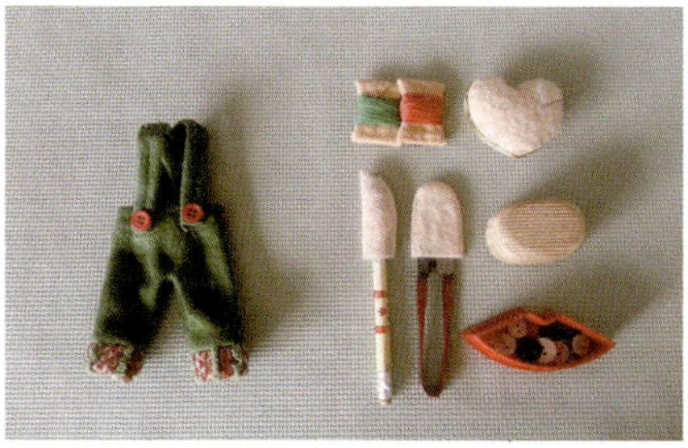

활동 9-2-1 | 감각영역

추워요

생활주제 겨울-겨울날씨

누리과정 관련영역 의사소통, 자연탐구

적용연령 만 4세 이상

교 구 찬 정도가 다른 온각병

제시방법

1. 겨울 날씨에 대해 이야기를 나눈다.
2. 온각병의 서로 다른 온도를 느껴본다.
3. 현재의 온도와 가장 비슷한 것을 찾아본다.
4. 온도 차이가 동일한 것끼리 짝을 지어본다.
5. 다른 계절의 날씨는 어떠했는지 회상해 본다.

오류의 정정 교사 또는 친구

주의점 온각병의 온도가 잘 유지될 수 있도록 관리한다.

응용 및 변형 주변사물의 온도차이 식별

활동 9-3-1 | 수 영역

얼음구슬

생활주제 겨울-추운 겨울나기

누리과정 관련영역 자연탐구

적용연령 만 4세 이상

교 구 1~10까지 숫자카드, 얼음구슬, 쟁반

제시방법

1. 날씨가 추워지면 볼 수 있는 것들에 대해 알아본다.
2. 얼음을 손으로 만지면 어떤 느낌인지 이야기를 나눈다.
3. 얼음구슬을 숫자만큼 놓아본다.
4. 1~10까지 정확하게 놓았는지 확인한다.

오류의 정정

- 얼음구슬이 남거나 모자람

주의점 구슬을 던지거나 장난을 치지 않는다.

응용 및 변형

- 수 기억 게임

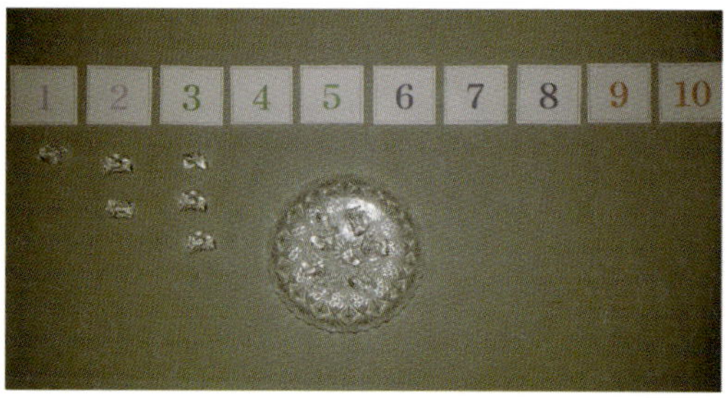

활동 9-4-1 | 언어영역

고마운 분들께 크리스마스 카드쓰기

생활주제 겨울-이웃과 함께하는 겨울

누리과정 관련영역 의사소통, 사회관계

적용연령 만 4세 이상

교 구 띠카드, 12월과 관련된 물건, 수첩, 연필과 지우개

제시방법

1. 오늘은 몇 월 며칠인지에 대해 알아본다.
2. 고마운 분들에 대해 이야기를 나눈다.
3. 감사와 사랑의 마음을 전할 수 있는 방법에 대해 이야기 나눈다.
4. 크리스마스 카드를 만든다.
5. 글이나 그림으로 카드를 쓴다.

오류의 정정

- 교사 및 친구

주의점 감사를 전하는 범위를 고려하여야 한다.

응용 및 변형

- 다양한 방법으로 쓰기

활동 9-5-1 | 우주영역

겨울나무

생활주제 겨울-겨울풍경

누리과정 관련영역 의사소통, 자연탐구

적용연령 만 4세 이상

교 구 4계절 나무, 1~12 숫자카드, 4계절 그림사진

제시방법

1. 오늘 아침 날씨가 어떠했는지를 물어본다.
2. 겨울 날씨의 특징에 대해 알아본다.
3. 겨울에 해당되는 월 숫자와 그림사진을 놓는다.
4. 겨울이 되면 우리 주변이 어떻게 변하는지 말해본다.

오류의 정정 서로 다른 숫자와 글씨 매칭

주의점 계절나무 구성 후 해당 숫자카드와 그림사진을 놓는다.

응용 및 변형 4계절 구성

1·2월 환경과 생활/즐거웠던 우리 반/형님이 되었어요

활동 10-1-1 | 일상생활영역

돌 닦기

생활주제 환경과 생활

누리과정 관련영역 자연탐구, 예술경험, 신체운동·건강, 사회관계

적용연령 만 3세 이상

교 구 돌, 비누, 비누갑, 앞치마, 피처, 물통, 비닐, 대야 2개, 솔, 돌을 담는 그릇, 스펀지, 작은 수건, 손 닦는 수건, 책상

제시방법

1. 앞치마를 입는다.
2. 비닐을 책상 위에 깐다.
3. 피처를 들고 개수대로 가서 물을 담아온다.
4. 대야 1과 대야 2에 나누어 물을 붓고, 스펀지로 피처의 입구를 닦는다.
5. 돌을 대야 1에 조심스럽게 담근다.
6. 솔에다 비누를 칠한다.
7. 솔을 가지고 돌을 골고루 깨끗이 씻는다.
8. 솔을 물을 헹구어 물기를 털어 낸 다음 제자리에 놓는다.
9. 돌의 거품을 물로 깨끗이 씻어낸다.
10. 돌을 양손으로 들고 물이 튀어나가지 않게 해서 대야 2에 옮긴다.
11. 돌을 다시 물로 깨끗이 헹군다.
12. 비닐 위에 돌을 옮기어 스펀지로 물기를 닦아낸다.
13. 돌을 그릇 위에 올려놓는다.

14. 대야 1을 양손으로 들어 물통에다 조심해서 붓는다.
15. 스펀지로 대야의 안과 밖을 깨끗이 닦는다.
16. 대야 2도 위와 동일한 방법으로 정리한다.
17. 비닐에 떨어진 물도 깨끗이 닦는다.
18. 스펀지를 물통에다 넣고 개수대로 간다.
19. 물통의 물을 개수대에 붓고, 깨끗한 물로 깨끗이 헹군다.
20. 스펀지로 물통의 물기를 깨끗이 닦아낸 뒤, 스펀지도 씻어서 제자리에 정리한다.
21. 책상의 교구를 순서대로 정리한다.
22. 앞치마를 벗어서 정리한다.

오류의 정정

- 책상 위에 물을 쏟는다.
- 돌을 깨끗이 헹구지 않는다.
- 솔에 비누거품이 남아있다.

주의점 비누거품이 교실바닥에 떨어져서 바닥이 미끄럽지 않도록 한다.

응용 및 변형

- 조개껍질 씻기

활동 10-2-1 | 감각영역

소리상자

생활주제 환경과 생활

누리과정 관련영역 자연탐구, 의사소통

적용연령 만 3세 이상

교 구

- 각각 6개의 원통이 담긴 나무 상자2개
- 12개의 원통 중 6개는 윗면이 빨간색이고 다른 6개는 파란색

제시방법

1. 매트를 편다.
2. 소리상자를 하나씩 가져와 한 상자는 왼쪽에 다른 상자는 오른쪽에 놓고 각각 상자의 뚜껑은 두상자의 가운데 오도록 놓는다.
3. 각 상자 속에서 원통을 하나씩 꺼내어 각 상자 밑에 사선으로 나열한다.
4. 정정 세트의 밑에 나열해 놓은 첫 번째 원통을 잡아서 귀 가까이 흔들어 소리를 들어 본다.
5. 짝 맞추기 상자 밑에 나열해 놓은 첫 번째 원통을 잡고 흔들어 소리를 들어 본 후 4의 소리와 같은지 비교한다.
6. 소리와 같은 경우 '똑같다'라고 말한 후 소리상자 뚜껑 아래에 두 개를 나란히 놓는다.
7. 위와 같은 방법으로 나머지 정정 세트의 소리원통들도 같은 소리를 찾아 나열한다.
8. 맞추어진 두 개의 소리원통을 들고 하나씩 흔들어 같은 소리가 맞는지 다시 한 번 확인해 본다.
9. 다른 친구를 위해 정정 세트의 원통들을 섞어서 상자에 넣자고 약속한다.

10. 짝 맞추기 세트를 상자에 넣는다.
11. 교구와 매트를 정리한다.

오류의 정정

- 짝 맞추어 놓은 원통들의 소리가 다를 때
- 정정 세트나 짝 맞추기 세트 중 한 세트만으로 짝 맞추려고 할 때

주의점 원통 아래에 스티커를 부착하여 오류의 정정을 돕는다.

응용 및 변형

- 정정 세트와 짝 맞추기 세트를 서로 다른 장소에 두고 정정 세트의 소리를 듣고 가서 짝 맞추기 세트에서 같은 소리를 찾아보기
- 생활 속에서 쉽게 볼 수 있는 물건 또는 악기들을 쟁반 위에 놓고 각각의 물건의 소리를 들어보고 이름을 확인해 본 뒤 유아들이 눈을 감고 교사가 들려주는 물건의 소리를 맞춰보기

활동 10-3-1 | 언어영역

친구이름 적기

생활주제 즐거웠던 우리 반

누리과정 관련영역 의사소통, 자연탐구, 신체운동·건강, 사회관계

적용연령 만 4세 이상

교 구 이동 글자, 친구이름 적기 교구 쟁반(이름카드, 트레싱페이퍼, 집게, 연필, 받침대, 스템플러)

제시방법

1. 매트를 펴고 이동 글자 교구를 교구장에서 가지고 온다.
2. 친구이름적기 교구 쟁반도 함께 매트에 놓는다.
3. 친구이름이 적힌 이름카드를 3장~5장 선택한다.
4. 매트 가운데 이름카드를 뒤집어 둔다.
5. 이동글자 교구 뚜껑을 열어 매트 위쪽으로 놓는다.
6. 각 이름 카드 아래에 선택한 친구이름을 이동글자를 이용하여 만들어본다.
7. 이름카드의 친구이름과 만들어진 친구이름이 일치하는지 확인한다.
8. 이름카드 위에 트레싱페이퍼를 집게로 꽂아 고정시킨다.
9. 받침대 위에 놓고 연필로 친구이름을 따라 적어본다.
10. 트레싱페이퍼를 이름카드 아래에 놓는다.
11. (이동글자 아래에 이름카드, 이름카드 아래에 트레싱페이퍼) 세 가지가 모두 일치하는지 친구이름을 확인한다.
12. 트레싱페이퍼를 모아 앞장에 이름과 날짜를 적는다.
13. 스템플러를 이용하여 책을 만든다.
14. 이름카드 외 사용한 교구를 쟁반에 정리한다.

13. 이동글자를 정리한다.
14. 이동글자와 이름카드 교구쟁반을 교구장에 정리한다.
15. 만든 책은 파일에 정리한다.
16. 매트를 정리대에 꽂는다.

오류의 정정

- 이름카드의 친구이름과 이동 글자로 만든 친구이름이 일치하지 않는다.
- 이름카드의 친구이름과 트레싱페이퍼의 글자가 일치하지 않는다.

주의점

- 만 3세 연령의 유아는 스템플러 사용 시 교사가 도와준다.
- 연령에 따라 이름카드 수를 제한한다.

응용 및 변형

- 친구 이름 릴레이

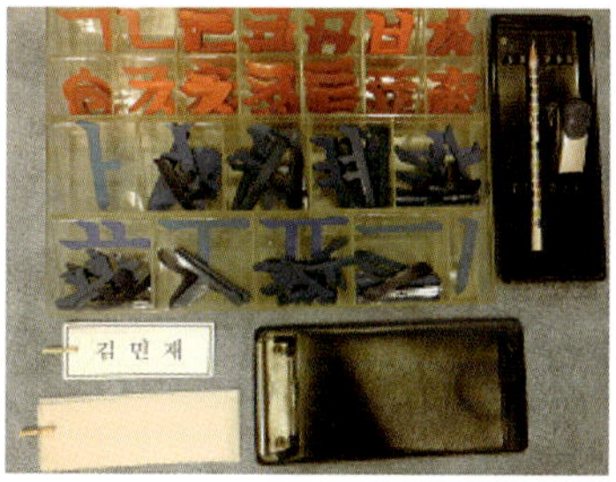

활동 10-3-2 | 언어영역

그림과 그림 짝짓기

생활주제 즐거웠던 우리 반

누리과정 관련영역 의사소통, 자연탐구, 사회관계

적용연령 만 3세 이상

교 구 제시용 사진과 짝짓기용 사진 각 4장, 고무밴드, 매트, 교구 담을 상자 (사진 내용 : 유치원 풍경사진)

제시방법

1. 유아를 교구가 있는 교구장으로 데려가 "이것은 그림과 그림 짝짓기 입니다."라고 소개한다.
2. 교구를 가져와 매트 위에 놓는다.
3. 제시용 사진을 상자에서 꺼내어 고무밴드를 뺀다.
4. 사진 한 장을 집어 유아에게 보여주며 "이것을 본 적이 있나요?"라고 물어본다. 유아가 이름을 알면 교사와 함께 사진에 대해 말하면서 매트 상단 왼쪽에 놓는다.
5. 다른 사진 한 장을 집어 6번과 같은 방법으로 하여 제시사진 아래쪽에 놓는다.
6. 나머지 사진도 위와 같은 방법으로 놓는다.
7. 짝짓기용 사진을 상자에서 꺼내어 고무밴드를 뺀다.
8. 사진을 한 장 집어 "이것과 같은 사진을 찾아보도록 해요."라고 말한다.
9. 위에 놓여진 제시용 사진의 첫 번째 사진 옆에 놓아 대조해 보고 맞지 않으면 고개를 저어 표시하고 다른 카드와 대조하여 맞으면 고개를 끄덕이며 그 사진 옆에 놓는다.
10. 나머지 짝짓기용 사진도 위와 같은 방법으로 유아가 짝지어 보게 한다.
11. 모두 짝지어진 사진을 잠시 살펴본다.

12. 사진에 대하여 유아와 함께 이야기 나눈다.
13. 교구 쟁반을 제자리에 갖다 놓는다.
14. 매트를 말아 제자리에 정리한다.

오류의 정정

- 교사에 의한 정정
- 유아에 의한 정정

주의점 사진의 내용은 유아에게 익숙한 내용으로 준비한다.

응용 및 변형

- 친구 얼굴
- 유치원 행사사진

활동 10-4-1 | 우주영역

땅 · 물 · 공기

생활주제 환경과 생활

누리과정 관련영역 자연탐구, 의사소통

적용연령 만 3세 이상

교 구 투명한 유리컵 3개, 흙이 담긴 그릇, 물이 담긴 피처, 투명한 볼, 스펀지, 비닐매트, 쟁반, 매트, 종이, 연필

제시방법

1. 매트를 펴고 교구를 매트 위로 가져온다.
2. 매트 위에 비닐매트를 놓는다.
3. "우리가 살고 있는 곳은 무엇으로 이루어져 있는지 알아보아요. 우리가 살고 있는 곳은 땅으로 되어 있어요. 선생님이 이 컵에 땅을 덮고 있는 흙을 담아 오겠어요." 라고 말하고, 빈 컵에 준비된 흙을 담아 비닐 매트 위에 놓는다.
4. "선생님이 땅 위에 있는 흙을 담아 왔어요."라고 말한다.
5. 땅에 대해 어린이들과 이야기를 나눈다. "땅으로 된 곳은 어떤 곳이 있을까요? 산, 걸어 다니는 길, 논, 밭, 밀림, 바다 밑, …… 모두 땅으로 되어 있어요."
6. 매트 왼쪽 위에 흙을 담은 컵을 놓는다.
7. "우리가 살고 있는 곳은 땅으로 되어 있고, 또 물로도 되어 있어요."라고 말하고 빈 컵에 준비된 물을 담아와 비닐매트 위에 놓는다.
8. 물에 대해 어린이들과 이야기를 나눈다. "물은 어디에 있나요? 바다, 수영장, 강, 연못, …… 모두가 물로 되어 있어요."
9. 흙을 담아놓은 컵 오른쪽에 물을 담은 컵을 놓는다.
10. "우리가 살고 있는 곳은 땅으로 되어 있고, 물로 되어 있고 또 공기로 덮여 있어

요."라고 말하고 손에 빈 컵을 쥔다.

11. "선생님이 이 컵에 공기를 담아 보겠어요."라고 말하고 빈 컵을 들어 공기를 담는 흉내를 내며, 컵을 잡지 않은 다른 손으로 컵의 입구를 덮는다.
12. "선생님이 이 컵에 공기를 담았는데 공기가 눈에 보이나요?"라고 묻는다.
13. "공기는 눈에 보이지 않아요, 그래서 오늘은 재미있는 방법으로 공기를 보여줄게요."라고 말한다.
14. 빈 볼에 피처의 물을 부어 매트 중앙에 놓는다.
15. 물이 담긴 볼에 컵 입구가 아래로 가도록 수직으로 컵을 집어넣은 후 한쪽으로 조금씩 들어 올리면 공기가 거품처럼 올라오는 것을 볼 수 있다.
16. "거품처럼 올라오는 것이 미쳐 빠져 나가지 못한 공기예요."라고 말한다.
17. 스펀지로 컵 주위를 닦고 컵과 볼을 정리한다.
18. 공기에 대해 어린이들과 좀 더 이야기를 한다.
    "그럼, 공기는 어디에 많이 있을까요? 하늘, 풍선, 타이어…, 모두 공기로 되어 있어요."
19. "우리가 살고 있는 곳은 땅이에요."라고 말하며, 종이에 '땅' 이라고 써서 흙이 담긴 컵 아래에 놓는다.
20. 다음에는 "물"이라고 말하며 종이에 '물' 이라고 써서 물이 담긴 컵 아래에 놓는다.
21. 마지막으로 "공기로 이루어져 있어요."라고 말하며 '공기'라고 써서 빈 컵 아래에 놓는다.
22. 땅 · 물 · 공기를 3단계 학습을 한다.
23. 교구와 매트를 정리한다.

오류의 정정

- 교사에 의해서
- 유아에 의해서

주의점

컵을 뒤집어 물에 넣을 때 수직으로 넣지 않으면 공기를 관찰 할 수 없다.

응용 및 변형

- 땅, 물, 공기에 관련한 사진을 찾아 분류하기

참고문헌

교육과학기술부(2013). 누리과정 교사용 지도서. 보건복지부, 교육과학기술부.

교육과학기술부(2013). 누리과정 해설서. 보건복지부, 교육과학기술부.

박은혜(2002). 지식기반 사회에서의 유아교사의 지식. 서울: 창지사.

박덕규 편저(1992). 피아제의 발생학적 인식론과 구조론. 서울: 민성사.

조성자 역(1996). Maria Montessori의 자유개념과 자유 작업의 원리. 서울: 중앙 적성 출판사.

조성자 역(1998). Maria Montessori의 우주교육 -유아기에서 청소년기까지-. 서울: 중앙적성출판사.

조성자(2010). 몬테소리 우주교육의 철학적 관점. 서울:공동체.

_______(1991). 어린이 신비. 서울: 창지사.

_______(1995). 어린이 정신. 서울: 창지사.

_______(1995). 어린이 발견. 서울: 창지사

_______(1996). Maria Montessori의 자유개념과 자유 작업의 원리. 서울: 중앙적성출판사.

_______(1997). 자유 작업과 열린 교실을 위한 Maria Montessori의 교사론. 서울: 창지사.

_______(2000). 신몬테소리 학파의 새로운 교육운동 : 교육학에 대한 이론. 서울: 양서원.

_______(2001). Maria Montessori의 어린이를 위한 인격 형성. 서울: 창지사.

_______(2006). 몬테소리의 과학적 교육학. 서울: 신정.

_______(2007). 어린이들을 위한 평화교육 지침서:몬테소리 평화교육이론 중심으로. 서울: 신정.

_______(2007).몬테소리의 과학적 교육학. 서울: 신정.

_______(2007).마리아 몬테소리자서전. 서울: 신정.

_______(1996). Maria Montessori의 자유개념과 자유 작업의 원리. 서울: 중앙적성출판사.

_______(2010).몬테소리 영아전담 어린이집 교육 프로그램의 이론과 실제. 서울: 창지사.

______(2010). 몬테소리 우주교육의 철학적 관점. 서울: 공동체.

______(2011). 몬테소리 교육철학의 이론과 실제. 서울: 창지사.

______(2011). 내일의 어린이들. 서울: 파란마음.

______(2012). 훌륭한 몬테소리 부모 되기. 서울: 창지사.

______(2013). 열정적인 교사 도전하는 어린이. 서울: 창지사.

조성자, 김의향 역(2009). 어린이들을 위한 관찰기록과 보고. 서울: 중앙적성출판사.

조성자 외(2000). 몬테소리교육의 철학적 이론과 실제. 서울: 창지사.

정홍규(2004). 빙엔의 힐데가르트. 대구: 푸른평화.

(사)한국몬테소리교육총연합회(2013). 유치원, 어린이집 평가지원연구.

Bransford J. D. & Johnson M.K(1972). Contextual prerequisites for Understanding :Some investigations of comprehension and recall. *Journal of Verbal Lerninf & Verbal Behaviar, 11*(6), 717-26.

Bransford J. D. 외(1999). *How people learn: Brain, Mind, experience and school.* Washington, DC: National Academy Press.

Cosimo G.,(1993). *Il ruolo dell'educatrice, in Maria Montessori: il pensiero, il metodo, Giunti Lischiani, Castellato.*

Chi M.T.H., & Feltovich P.J., & Glaser P., (1981). Christopher Day, 2004, A Passion for teaching. 박은혜 외 역(2007). 열정으로 가르치기. 서울: 파란마음.

Daniela P.,(2004). *Dalla parte dei bambini : la rivoluzione di Maria Montessori.* El. Trieste.

Epstein P.,(2012). *An Observer's Notebook: Learning from Children with the Observatio C.O.R.E., Montessori Foundation*, FL 34212. U.S.A.

Helfrich M.S.,(2011). *Montessori Learning in the 21 st Century: A Guide for Parent & Teachers, Paperbank*, PO Box,. 607.

Ludwig H.,(2003). *Erziehen mit Maria Montessori: Einen Reformpädagogische Konzept, Herder.* Freibung.

Ludwig H.,(2000). *Fischer R., Heitkäper P., Erziehung zum Grieden für Eine Welt-Der der Montessori-Pädagogik, Verlag, Münster, Hamburg-Londen, Lochi T.,(1991)*

Maria Montessori: Il Progetto-scuola nella visione ecologia dell'uomo e del bambino, costrettori di un mondo migliore, Ed. Cappelli Bologna.

Michael and D'Neil Duffy(2002). *Children of the Universe, Parent Child, Hollidaysburg.*

Rerihard F., Michael Klein-Landeck, Ludwig H.,(1999). *Die "Kosmischer Erziehung" Maria Montessoris.* Müster Lit.

Rukmini R.,(1998). *Creative development in the Child. The Montessori Approach, vol. 1~2,* Kalakshetra Press, Chennai India.

Socchera A.,(2002). *Il metodo del bambino e la formazione dell'uomo, Ed. Opera Nazionale Montessori.* Roma.

Swimme B.T & Tucker M.E,(2011). *Journey of the Universe.* Yale University. London.

M. Scott Peck(1987). Different Drum. 김민예숙, 김혜자 역(2008). **평화 만들기**. 서울: 열음사.

Thomas Berry(2000). *The Great Work.* 이영숙 역. 대화문화아카데미.

Winifred G.,(2009). Attention and the Focused Life. **몰입: 생각의 재발견**. 이한이 역(2010). 서울: 오늘의 책.

저자소개

조성자 :
로마 안토니움대학교 교육철학전공 철학박사, 대구가톨릭대학교 아동학과 교수

김정은 :
대구가톨릭대학교 아동학전공 문학박사, 안동과학대학교 유아교육과 교수

김현란 :
대구가톨릭대학교 아동학과 박사과정 수료, 계명문화대학교 특수보육학과 외래교수

남순경 :
대구가톨릭대학교 아동학전공 문학박사, 대구가톨릭대학교 아동학과 외래교수

남윤희 :
대구가톨릭대학교 아동학전공 문학박사, 수성대학교 유아교육과 외래교수

박경희 :
대구가톨릭대학교 아동학과 박사과정 수료, 대구가톨릭대학교 아동학과 외래교수

박선혜 :
대구가톨릭대학교 아동학전공 문학박사, 해바라기몬테소리센터(유치원·어학원·연구소)원장

박성은 :
대구가톨릭대학교 아동학전공 문학박사, 가톨릭상지대학교 유아교육과 교수

박정원 :
대구가톨릭대학교 아동학과 박사과정 수료, 대경대학교 유아교육과 외래교수

박정태 :
대구가톨릭대학교 아동학전공 문학박사, 선린대학교 유아교육과 교수

이재영 :
대구가톨릭대학교 아동학전공 문학박사, 수성대학교 유아교육과 외래교수

정동희 :
대구가톨릭대학교 아동학전공 문학박사, 성덕대학교 유아교육과 교수

정인숙 :
대구가톨릭대학교 교육학전공 교육학 박사, 대구가톨릭대학교 아동학과 외래교수

채연희 :
대구가톨릭대학교 아동학과 박사과정 수료, 대구가톨릭대학교 아동학과 외래교수

최미숙 :
대구가톨릭대학교 아동학전공 문학박사, 동부산대학교 유아교육과 겸임교수

한지숙 :
대구가톨릭대학교 아동학과 박사과정 수료, EP 아동놀이연구소 소장

도움 주신 분

김경옥(대구가톨릭대학교 아동학과 박사과정 수료, 안동유치원 원장)

김송화(대구가톨릭대학교 아동학전공 문학박사, 전 명성유치원 원장)

김은희 (대구가톨릭대학교 아동학과 박사과정 수료, 호계초등학교어린이집 원장)

김차숙(대구가톨릭대학교 아동학과 박사과정 수료, 피터팬 어린이집 원장)

류은정(대구가톨릭대학교 아동학과 박사과정 수료, 전 예담어린이집 원장)

박신자(대구가톨릭대학교 아동학과 문학박사, 대구 YMCA유치원 원장)

변혜정(대구가톨릭대학교 아동학전공 문학박사, 라빈츠킨더어린이집 원장)

송미경(대구가톨릭대학교 아동학과 박사과정 수료, 동원과학대학교 사회복지행정과 겸임교수)

이영미(대구가톨릭대학교 아동학전공 문학박사, 더 나무 몬테소리연구소 소장)

정여진(대구가톨릭대학교 아동학전공 문학박사, 전 코비코즈놀이학교 원장)

원지영(대구가톨릭대학교 아동학과 박사과정수료, 수성대학교 아동음악보육과 외래교수)

누리과정에 근거한

몬테소리 영유아 교육과정의 이론과 실제

초판 1쇄 인쇄 2014년 8월 18일
초판 1쇄 발행 2014년 8월 22일

지 은 이 | 조성자·김정은·김현란·남순경·남윤희·박경희·박선혜·박성은
박정원·박정태·이재영·정동희·정인숙·채연희·최미숙·한지숙
펴 낸 이 | 김기섭
책임편집 | 최창숙
펴낸곳 | 창지사 www.changjisa.com
153-802 서울시 금천구 가산디지털 1로 83 파트너스타워 1차 9층
전화 (02) 719-2211~3
팩스 (02) 701-9386
등 록 | 1977년 4월 28일·제1-421호

ISBN 978-89-426-0793-8 (93370)

값 14,000원